Las múltiples caras
del terrorismo en Cuba

INFORME 10 | CEU-CEFAS

Abril de 2025

Autores

Matías Jove
Director ejecutivo de la Asociación Española Cuba en Transición

John Suarez
Director ejecutivo del Center for a Free Cuba

Prólogo

María San Gil
Directora del Observatorio de Víctimas del Terrorismo CEU-CEFAS

CEU-CEFAS tiene por objetivo la promoción de los principios inspiradores fundamentales de la Doctrina Social de la Iglesia en los ámbitos cultural y político, mediante la realización de cursos, congresos y publicaciones. CEU-CEFAS aspira a constituirse en un lugar de referencia y encuentro para debatir, reflexionar, formar, difundir e investigar en el ámbito de las ideas para mejorar la sociedad.

www.cefas.ceu.es

CEU-CEFAS
Calle Tutor, 35
28008 Madrid | España
Teléfono: (+34) 91 514 05 77
cefas@ceu.es

Depósito legal: M-9657-2025
ISBN: 978-84-19976-79-6
Maquetación: CEU Ediciones
Impresión: CEU Ediciones
Impreso en España

Publica: CEU Ediciones
Calle Julián Romea, 18
28003 Madrid | España
Teléfono: (+34) 91 514 05 73
ceuediciones@ceu.es

La Fundación Universitaria San Pablo CEU es una entidad inscrita en el Registro de Fundaciones con el nº 60 /
CIF (G-28423275).

Índice

Resumen ejecutivo

La dictadura cubana ha recurrido a la violencia política y al terrorismo desde sus inicios. Con el tiempo, la intensidad y manifestaciones del terror han ido cambiando e integrándose en estrategias más complejas. Sin embargo, el régimen nunca ha pedido perdón, nunca ha dejado de amparar a sus autores y siempre ha cooperado en legitimarlo internacionalmente.

El castrismo en Cuba recurrió al terror y a la violencia para instaurar su dictadura en 1959 y ha seguido teniendo conexiones con actos criminales o violentos para mantener su régimen antidemocrático a lo largo de más de 60 años. **Fidel Castro aparece vinculado con la violencia política desde su juventud. La prensa de aquellos años lo relaciona con, al menos, tres asesinatos,** aunque nunca pudo ser condenado por falta de pruebas. Pero en la década de 1950 fue cuando se constató que la Revolución naciente iba a **utilizar el terrorismo como su principal arma para llegar al poder.**

- El asalto al Cuartel Moncada el 26 de julio de 1953 fue el gran punto de inflexión, que después dio origen al **Movimiento 26 de Julio,** un estandarte del terrorismo revolucionario, especialmente urbano en La Habana.

- El propio jefe de Acción y Sabotaje del Movimiento 26 de Julio, Domingo René García Collado, reconoció **que «esta Revolución se hizo a base de terrorismo».** Por ejemplo, el 8 de noviembre de 1957, explotaron cien artefactos a la vez en la capital del país.

- En los años más próximos al triunfo de la Revolución del 59 se recrudeció la guerra de guerrillas en Sierra Maestra y se ejecutaron secuestros como el de varios aviones para incorporarlos a las Fuerzas Aéreas Revolucionarias. **El 21 de octubre de 1958 se produjo el primer secuestro aéreo de la historia de Cuba.**

- Tras el triunfo de la Revolución el 1 de enero de 1959, Fidel Castro reforzó su agenda internacional para exportar su «método» al resto del continente y con este fin creó el Directorio de Liberación Nacional. **Cuba patrocinaba actos de terrorismo callejero** en Venezuela, desembarcos de las guerrillas en Panamá y República Dominicana, y **suministraba armas al grupo terrorista argelino Frente de Liberación Nacional.**

- En noviembre de 1962, **Estados Unidos expulsó a dos diplomáticos cubanos,** Elsa Montera Maldonado y José Gómez Abad. Ambos **estaban planificando un atentado terrorista para detonar 500 kilos de**

explosivos en grandes superficies de Estados Unidos y la Grand Central Terminal de Manhattan el fin de semana de Acción de Gracias.

- En 1966, Fidel Castro logra reunir a más de 500 líderes de África, Asia y América en la Primera Conferencia Tricontinental y en su discurso defendió públicamente que las armas eran el camino para alcanzar el poder.

- La alianza con la Unión Soviética fortaleció el aparato militar que el régimen usaba para exportar sus fórmulas terroristas. **El ejército cubano llegó a ser el noveno más poderoso del mundo** y, sólo en África, contaba con la presencia de 70.000 hombres. Cuba proporcionó ayuda militar a **Argelia, Iraq, Libia, Siria, Granada** y **Nicaragua** y se constató la presencia de militares cubanos bajo la bandera siria en la Guerra de Yom Kippur. En este momento, **se fortalece la colaboración de Cuba con organizaciones terroristas palestinas, apoyando al régimen de Al-Fatah.**

- En Europa, el gobierno francés expulsó en 1975 a tres diplomáticos cubanos por su **colaboración con uno de los terroristas más buscados del mundo** en aquel entonces Carlos, el Chacal. **Decenas de etarras se refugiaron en Cuba en los años 80.**

- Tras la caída del Muro de Berlín, Cuba no sólo mantuvo sus vínculos con terroristas, sino también con el narcotráfico, cuya relación detalló la CIA en un informe desclasificado en 1989. Cuatro militares cubanos de alto rango, vinculados con el M-19 colombiano, fueron imputados en 1982 por el Fiscal de los Estados Unidos para el Distrito Sur de Florida en Estados Unidos. **Fidel Castro aparece como mediador con el Cartel de Medellín** en otro juicio en Estados Unidos, en este caso contra el general panameño Noriega.

- En 2025, Cuba aún mantiene ciertos vínculos con organizaciones terroristas como **Hamás** y **Hezbolá**, que están en la lista de terroristas de la Unión Europea. Cuba mantiene una fuerte presencia en el Líbano y el responsable de las relaciones internacionales de Hezbolá visitó la embajada cubana en el Líbano durante las manifestaciones de los cubanos contra el régimen en 2021. En 2019, el embajador cubano en el Líbano, Alexander Pellicer Moraga, se reunió con el representante de Hamás en ese país. En 2023, el embajador de Cuba en el Líbano, Jorge León Cruz, recibió a una delegación de alto nivel del Movimiento de Resistencia Islámica Palestina Hamás.

El terrorismo en Cuba empezó siendo un arma de guerra para llegar al poder, pero después de transformó en una herramienta política, que ha ayudado al régimen a tejer su red comunista en el mundo. El objetivo de Fidel Castro era exportar la Revolución al mundo, sus métodos y su agenda, y tras la desintegración de la URSS se propuso ser el bastión del marxismo/comunismo en el mundo. Ese objetivo lo persigue todavía el régimen y ha encontrado en los grupos terroristas un aliado contra Occidente, lo que define como «imperialismo» y los valores que el mundo democrático representa. Esta agenda **invita a una reflexión sobre la relación y la respuesta que se debe dar, sobre todo desde la Unión Europea, a un régimen como el cubano, al que Estados Unidos sí reconoce como un país que patrocina el terrorismo.**

Prólogo

Son casi siete las décadas que los cubanos llevan sufriendo la pesadilla de la dictadura comunista en su país. En este tiempo, se cuentan por millones los fusilados, los ahogados, los presos políticos, las familias destruidas, los perseguidos, los exiliados en lo que no pocas veces se ha definido como terrorismo de estado. El terror impuesto por la dictadura cubana, sin embargo, ha trascendido sus fronteras y la mano de Cuba se ha dejado ver en muchos países, en muchas organizaciones y de muchas maneras.

Durante la Conferencia Tricontinental celebrada en La Habana en 1966, Fidel Castro reunió a terroristas de todo el mundo y defendió ante más de 500 líderes internacionales que el camino para llegar al poder era el de «las balas, no las urnas». Hoy sabemos que aquellos no eran solo palabras. En este informe se documentan decenas de actos terroristas que tienen una conexión directa con dirigentes de la Revolución, con el aparato político castrista y con el Movimiento 26 de Julio. Muchos de estos atentados han sido reconocidos públicamente por ex jefes del Movimiento, tal y como se refleja en las próximas páginas. El terrorismo en Cuba comenzó siendo una forma de llegar al poder y acabó convirtiéndose en un *modus vivendi*.

Además, la dictadura cubana se ha convertido también en un centro internacional de apoyo e impulso del terrorismo. Durante años el régimen cubano ha estado detrás de centenares de robos, secuestros, atentados y asesinatos en todo el mundo. Desde Cuba se ha ofrecido adiestramiento, armas y financiación a miles de terroristas de las más variadas organizaciones (IRA, ETA, Brigadas Rojas, etc.); ha servido de refugio y santuario a quienes tras perpetrar atentados huían de la justicia; ha coordinado actividad terrorista a nivel global y se ha convertido en uno nodo irremplazable de las redes trasnacionales de crimen organizado.

En los años 80, más de una treintena de etarras se refugiaron en Cuba. Han trascendido casos como el de Miguel Ángel Apalategui, miembro del Comando Donosti. «Apala» estaba acusado de atentar contra militares y guardias civiles. Más recientemente, en el año 2000, se celebró en Panamá la X Cumbre Iberoamericana y en ese escenario, Fidel Castro se negó a firmar una declaración para condenar el terrorismo de ETA. Once años después, la banda terrorista anunció que dejaba las armas y, actualmente, su heredero político, EH Bildu, es el partido determinante en la gobernabilidad de España. El partido mantiene, igualmente, sus relaciones con Cuba y en 2024 firmó un convenio de colaboración con el Partido Comunista de Cuba.

Con datos y hechos concretos sobre las conexiones entre la dictadura cubana y el terror, este informe aborda la evolución y transformaciones de la utilización de la violencia y el terror en la isla y fuera de ella; la exportación del terrorismo como estrategia revolucionaria; la vigencia de la actividad terrorista durante la sovietización de Cuba y su transformación hacia un modelo vinculado, en cierta medida, al narcotráfico y al crimen organizado.

El contenido de este informe constata que la Unión Europea debe abrir los ojos y añadir a Cuba en la lista de organizaciones terroristas, al menos por solidaridad con el pueblo cubano que, como el español, ha sufrido durante años las consecuencias vivir con miedo al crimen y al terror que llegó a apoderarse de sus calles durante largos períodos de tiempo.

María San Gil,
directora del Observatorio de Víctimas del Terrorismo CEU-CEFAS

1. Terrorismo y violencia política antes de la Revolución

También fue la primera vez que vi columnas, masas de pueblo sublevadas, mezcladas, típicas de la Revolución Francesa; cuando la gente con picos, palas, machetes y fusiles, con todo, se reunían, atacaban, asaltaban.

(Fidel Castro sobre El Bogotazo)[1].

El fenómeno del terrorismo no es nuevo. La violencia y la utilización de terror como herramienta para alcanzar objetivos políticos han estado presentes en muchos momentos y lugares a lo largo de la historia.

En sentido estricto, el terrorismo moderno aparece por primera vez durante la Revolución Francesa cuando, a golpe de guillotina, los jacobinos tratan de someter a la población. Entonces, lo relevante era tanto el recurso al terror por parte de los poderes públicos como su justificación política. En esa línea, el estalinismo, el nazismo y el propio castrismo han sido acusados de implementar el terror totalitario. Paulatinamente, sin embargo, el concepto de terrorismo más que a prácticas estatales se va aplicando a actividades de insurgencia desarrollada por organizaciones violentas que utilizan el terror como medio para intimidar a la población y lograr objetivos políticos[2]. El terrorismo –afirma Fontaine– «es el arma de los débiles, la que usan los grupos e individuos con limitado poder militar convencional»[3].

La revolución cubana no fue la primera en utilizar el terrorismo en este sentido. Lo que hace a Cuba diferente, no obstante, es que en la isla sí se alcanzaban los objetivos políticos planteados[4]. Antes de la llegada de Fidel Castro al poder, Cuba ya había sido testigo de una larga tradición de logros alcanzados mediante la violencia política. Como precedente más inmediato se cita a *ABC*, una organización secreta fundada en 1931 con el

---

1   Blanco, K. *Fidel Castro Ruz. Guerrillero del tiempo. Capítulo 9 reproducido en la web de Representaciones Diplomáticas de Cuba en el Exterior. Disponible en https://misiones.cubaminrex.cu/es/articulo/fidel-castro-y-los-sucesos-del-9-de-abril-de-1948*

2   García de Cortázar, G. *La Historia y el terrorismo.* Fundación Manuel Jiménez Abad. Disponible en https://www.fundacionmgimenezabad.es/la-historia-y-el-terrorismo

3   Fontaine, R.W. *Cuba's Terrorist Connection.* The Heritage Foundation. Washington, 1988. Disponible en https://www.heritage.org/americas/report/cubas-terrorist-connection

4   Fontaine, R.W. *Terrorism. The Cuban Connection.* Routledge, Taylor & Francis Group. New York. 1988. P. 17.

objetivo de derrocar la dictadura de Gerardo Machado. *ABC* perpetró asesinatos, realizó atentados con bombas y explosivos, intentó asesinar al propio Machado y empleó el terror como herramienta para desestabilizar el país[5].

Para forzar la salida de Machado, desde *ABC* se llegó a la conclusión de que el medio más efectivo no era tanto el uso convencional de las fuerzas armadas o las invasiones organizadas desde el exterior, sino la realización selectiva de actos de terrorismo que incitaran una intervención de Estados Unidos. Los desórdenes y altercados públicos harían patente la incapacidad del gobierno de Machado para asegurar la paz y el orden público y abrirían la posibilidad de una nueva intervención americana.

Así ocurrió, aunque esta vez Estados Unidos no hizo uso de la Enmienda Platt[6]. En su lugar, decidió enviar un brillante diplomático –Summer Welles– para tratar de mediar en la renuncia del dictador, que acabaría fugándose del país en la tarde del 12 de agosto de 1933. Para Fontaine, la huida de Machado y el consiguiente éxito de la estrategia terrorista implementada por *ABC* contribuiría a conformar las actitudes y creencias de toda una generación de cubanos, entre otros Fidel Castro[7].

La violencia y la política iban de la mano desde la Universidad. Desde los años veinte, la institución educativa se había convertido en uno de los focos más activos de actividad política, pero también de violencia. Lo que empezó con movilizaciones y enfrentamientos con la policía acabaría convirtiéndose en violencia organizada y terrorismo[8]. Ese era el ambiente en el que se desenvolvía Fidel Castro cuando, a mediados de los años cuarenta, abandona el bachillerato en el colegio Belén, dirigido por los jesuitas, para matricularse en la Escuela de Leyes de la Universidad de La Habana. Carlos Alberto Montaner ha descrito la actividad gansteril de aquellos años:

> Allí había corrupción, violencia, jefecillos armados, e imperaba el reino del matonismo revolucionario. Era la universidad de los gánsteres, los líderes estudiantiles andaban con una pistola al cinto, y para ascender hacia la cúpula resultaba casi imprescindible cobijarse en alguna de las facciones más poderosas y temidas.

El joven Fidel Castro, que perteneció a alguna de estas organizaciones, estuvo envuelto en una de estas refriegas en las que las rivalidades políticas acabaron en asesinatos. Su nombre apareció en la prensa de aquellos años en, al menos, tres asesinatos o intentos de asesinato.

---

5   Algunos de los atentados y crímenes terroristas realizados por *ABC* aparecen recogidos en Álvarez, A. (2023) *Gerardo Machado and the beginning of terrorism in Cuba*. Disponible en https://libreonline.com/gerardo-machado-y-el-comienzo-del-terrorismo-en-cuba/.

6   La denominada Enmienda Platt incorporada a la Constitución cubana de 1901 por el senador Orville Platt habilitaba al gobierno de Estados Unidos a intervenir en el país para mantener el orden y la estabilidad, si fuera necesario. La Enmienda Platt fue utilizada con frecuencia en los primeros años de la República de Cuba (1906, 1912, 1917 y 1920). Véase *Platt Amendment* (1903), en Milestones Documents, National Archives. Disponible en https://www.archives.gov/milestone-documents/platt-amendment

7   Fontaine, R.W. *Terrorism. The Cuban Connection...* P. 18.

8   Suchlicki, J. *Stirrings of Cuban Nationalism: The Student Generation of 1930*. Journal of Inter-American Studies , Jul., 1968, Vol. 10, No. 3, Cambridge University Press. Pp. 350-368.

- El del presidente de la Federación Estudiantil Universitaria (FEU), Manolo Castro (con quien no le unía ninguna relación de parentesco), que fue acribillado a balazos el 22 de enero de 1948 en una calle de La Habana Vieja. Fidel Castro fue detenido, acusado formalmente y liberado por falta de evidencias[9].

En *Viaje al corazón de Cuba*, Carlos Alberto Montaner recuerda que Ernest Hemingway escribió un cuento –*The shot*– sobre la muerte de su amigo Manolo Castro en el que el asesino está inspirado en Fidel Castro. Sin embargo, concluye que «la verdad histórica es que Fidel no mató a Manolo. Cuando lo llamaron por teléfono para que participara en el atentado no estaba disponible. Cuando fueron a buscarlo, no lo encontraron»[10].

- Cinco meses después de la muerte de Manolo Castro, el 4 de julio de 1948, fue asesinado Óscar Fernández-Caral, sargento de policía universitaria[11]. Un testigo señaló a Fidel Castro. Sin embargo, se retractó poco después y no pudo probarse ante los tribunales[12]. Poco antes de fallecer, Fernández-Caral acusó a Fidel Castro de haberle disparado[13], una versión apuntalada por Brain Latell que en *Castro's Secrets* afirma que, tras el asesinato del sargento, Fidel «nunca más» se involucró en persona. Sin embargo, el hecho nunca se pudo probar ante los tribunales.

- Por último, existen testimonios irrefutables de personas contemporáneas a Fidel Castro que le acusan del intento de asesinato del joven líder estudiantil Leonel Gómez en diciembre de 1946. Un disparo a sangre fría, de forma premeditada y por la espalda que dejó al joven líder estudiantil herido de gravedad en un pulmón[14].

El vínculo de Fidel Castro con la violencia política, sin embargo, no se restringió al ámbito cubano. Antes de la década de los cincuenta, Castro participó en dos expediciones internacionales en las que tuvo experiencias directas con el uso de la violencia política: en la República Dominicana y en Colombia.

En 1948 participó en los preparativos de una frustrada invasión desde Cuba a República Dominicana con el objetivo de derrocar al dictador Rafael Leónidas Trujillo. El adiestramiento militar tuvo lugar en Cayo Confites, al norte de la provincia de Ciego de Ávila, durante 59 días del verano de 1947. La expedición, sin embargo, fue finalmente abortada y como años más tarde reconocería el propio Fidel Castro fue un estrepitoso fracaso.

---

9   Se pueden consultar distintas noticias sobre el asesinato de Manolo Castro en el *Diario de La Marina*. Algunas de ellas recogen el nombre de Fidel Castro. Aparecen recopiladas en https://www.latinamericanstudies.org/manolo-castro.htm

10   Montaner, C.A. *Viaje al corazón de Cuba*. Plaza y Janés. Barcelona, 1999. P. 26.

11   Noticias sobre el asesinato de Óscar Fernandez-Caral se puede encontrar en *Diario de La Marina*. Disponible en https://www.latinamericanstudies.org/1948/DLM-7-15-1948-24.jpg

12   Latell, B. *Castro's secrets*. St. Martin's Press. New York. 2013. P. 19.

13   Montaner, C.A. *Castro y Rasco: vidas paralelas*. Diario de Cuba. 2013. Disponible en https://diariodecuba.com/cuba/1382651531_5647.html

14   Latell, B. *Castro's secrets...* P. 18.

Casi un año después de la frustrada invasión dominicana, Fidel Castro participaría en lo que se conoció como «el Bogotazo». Su viaje, financiado por el gobierno argentino del general Perón, acabaría convirtiéndose en lo que Norberto Fuentes llamó «su bautismo de fuego revolucionario»[15]. El líder cubano había acudido a Colombia como parte de una delegación estudiantil para atender la *IX Conferencia Panamericana*. A los pocos días de llegar a Bogotá, asesinaron de cuatro disparos al líder del Partido Liberal, Jorge Eliecer Gaitán. El hecho desencadenó una espiral de disturbios y violencia que dejó centenares de muertos en la capital de Colombia. Fidel Castro no se quedó en el hotel. Armado con fusiles que había en una estación de policía, deambuló por las calles de Bogotá repartiendo propaganda antiamericana. Perseguido por la Policía, logró llegar a la Embajada de Cuba, desde donde realizaron gestiones para su vuelo de vuelta a La Habana[16].

Tras su regreso, no pasaría mucho tiempo para que Fidel Castro retomara el contacto con las armas. El 10 de marzo de 1952, Fulgencio Batista daba un golpe de estado que interrumpía el orden constitucional establecido en 1940. También echaba por tierra la posibilidad de que Fidel Castro fuera elegido en las elecciones legislativas previstas para el mes siguiente, en buena posición en las listas del Partido Ortodoxo. No tardaría en volver a la violencia.

Durante meses, Fidel Castro recluta a un grueso de 1.200 hombres a quienes entrena, organizada en comandos e imparte clases de tiro a las afueras de La Habana[17]. Ese grupo sería el grueso con el que trataría de asaltar dos bastiones del Oriente del país el 26 de julio de 1953: el Cuartel Moncada, en Santiago de Cuba y el Cuartel Carlos Manuel de Céspedes, en Bayamo.

Como es conocido, el asalto al Cuartel Moncada terminó en un estrepitoso fracaso. Y con muchas vidas. Durante el combate murieron ocho asaltantes y veintidós militares[18]. Algunos, fueron apresados y torturados; otros, entre ellos Fidel y Raúl, lograron escapar; pero no tuvieron más remedio que entregarse. Finalmente, fueron llevados a juicio junto a los treinta y dos asaltantes y condenados a prisión donde permanecerán hasta su indulto en abril de 1955.

Durante su tiempo en prisión, Fidel Castro escribió *La historia me absolverá*, un extenso alegato en el que defendía la democracia, los derechos humanos y las libertades fundamentales. Y al salir de ella, se posicionó públicamente en contra del uso del terrorismo para acabar contra la dictadura de Batista. El 11 de junio de 1955 publica una carta, *Frente al terror y frente al crimen*, en el que ataca a quienes ponen bombas por servir al gobierno de Batista en lugar de combatirlo[19]. La realidad es que poco después Fidel Castro no va a dudar en utilizar el terror para consolidar su revolución.

---

15 Véase Fuentes, N. *Autobiografía de Fidel Castro. I. El paraíso de los otros.* Ediciones Destino, Barcelona. Pp. 384 y ss.

16 *Bogotazo.* Cuba Insight. Cuban Studies Institute Publications. Disponible en https://cubanstudiesinstitute.us/bits-of-cuban-history/bogotazo/

17 Ramonet, I. *Cien horas con Fidel. Conversaciones con Ignacio Ramonet.* Oficina de Publicaciones del Consejo de Estado. La Habana, 2006. P. 63.

18 Montaner, C.A. *Viaje al corazón de Cuba…*

19 Castro, F. *Frente al terror y frente al crimen.* La Calle. La Habana, 1955.

2. La revolución se hizo a base de terrorismo

Cuando esta guerra se acabe empezará para mí una guerra mucho más larga y grande: la guerra que voy a echar contra ellos. Me doy cuenta que ese va a ser mi destino verdadero[20].

El 2 de diciembre de 1956, Fidel Castro junto a otros 81 expedicionarios desembarca a bordo del *Granma*, un antiguo barco de recreo de 20 metros de eslora, en un lugar conocido como Los Cayuelos, cerca de Playa Las Coloradas, en el Oriente del país. Su estrategia consistía en avanzar tras los levantamientos en Santiago de Cuba, dirigidos por Frank País, y en el Escambray, donde operaba José Antonio Echeverría. No obstante, los acontecimientos no siguieron el curso esperado. En los dos años posteriores, se desataría una guerra de guerrillas en las montañas de la Sierra Maestra.

El mito de los barbudos refugiados en las montañas de la región oriental de Cuba fue alimentado desde el inicio con la colaboración de la prensa internacional y ha durado hasta nuestros días[21]. Sin embargo, desde el principio los rebeldes implementaron varias acciones susceptibles de ser catalogadas como terrorismo en sentido estricto:

- En junio de 1958, llevaron a cabo un secuestro de un grupo de ciudadanos canadienses y norteamericanos. Su objetivo era disuadir de cualquier intento de ataque, en especial aéreo, al ejército de Batista, algo que se consiguió. La presión de Estados Unidos sobre el gobierno de Batista forzó la suspensión de los ataques durante tres semanas, lo que brindó a la guerrilla el tiempo necesario para descansar y recuperarse[22].

- Los propios Fidel y Raúl Castro ordenaron secuestros aéreos para incorporar aviones de Cubana de Aviación a las Fuerzas Aéreas revolucionarias[23]. El 21 de octubre de 1958, ocurrió el primer secuestro aéreo en

20 Castro, F. *Carta de dirigida a Celia Sánchez fechada el 5 de junio de 1958.* Disponible en http://www.fidelcastro.cu/es/correspondencia/de-fidel-celia-1958-fragmentos

21 Véase DePalma, A. *The Man Who Invented Fidel: Castro, Cuba, and Herbert L. Matthews of the New York Times.* Public Affairs. New York, 2006.

22 Fontaine, R.W. *Terrorism. The Cuban Connection...* P. 25.

23 Porat, D. *Plane Hijackings between Cuba and the United States and the Opportunity for Diplomacy (1958–1973).* The Historical Journal (2024), 67, 561-582. Cambridge University Press.

la historia de Cuba, llevado a cabo por miembros del ejército rebelde de Raúl Castro[24]. Los cinco secuestradores, haciéndose pasar por pasajeros de un avión Viscount de Cubana de Aviación, tomaron el control de un vuelo que iba de Miami a Varadero. Los secuestradores y otros doce pasajeros más perdieron la vida cuando la aeronave se estrelló al intentar aterrizar en la provincia de Oriente. Hubo tres supervivientes[25].

- Pero, sobre todo, a través del Movimiento 26 de Julio, fundado por Fidel Castro después de salir de presidio, mientras los rebeldes continuaban escondidos en Sierra Maestra se implementó una sangrienta estrategia de terrorismo urbano que desempeñaría un papel crucial en el desarrollo de los acontecimientos.

Existen numerosos testimonios y evidencias que muestran el uso del terror por parte del Movimiento 26 de Julio durante estos años. Se practicaron actos de sabotaje, robos y secuestros; se colocaron cientos de bombas y artefactos explosivos y hubo centenares de heridos y muertos. «Esta revolución se hizo a base de terrorismo», afirmaba el exterrorista Domingo René García Collado. García Collado formó parte del grupo de Acción y Sabotaje del Movimiento 26 de Julio. Entre otras funciones, tenía asignada la labor de construir artefactos explosivos para ser colocados en distintos lugares. El estallido de artefactos y bombas se convirtió en algo bastante habitual en las noches de La Habana y otras ciudades. Una noche, la del 8 de noviembre de 1957, el Movimiento 26 de julio llegó a hacer estallar cien explosiones sincronizadas al filo de las nueve de la noche en la capital de Cuba[26].

Durante los años 1957 y 1958, el Movimiento 26 de Julio comenzó a realizar actos terroristas en lugares públicos de las ciudades cubanas, que se correspondían con su consigna de las tres C: cero Cine, cero Compras y cero Cabaret[27].

> Yo nunca podré olvidar la noche de julio de 1958 en la que fui testigo presencial de cómo una bomba revolucionaria colocada en el Parque Martí de Ciego de Ávila, un sábado por la noche, mató a tres avileños e hirió a seis. La bomba era para asesinar a Andrés Rivero Agüero, candidato batistiano a la Presidencia, pero el terrorista del Movimiento 26 de julio se acobardó y en vez de ponerla en el hotel Santiago-Habana la puso debajo de un banco en la plaza más concurrida de la ciudad[28].

---

24 *El secuestro de Aeronaves (2018). Ese día en la historia cubana.* Center for a Free Cuba. Disponible en https://cubacenter.org/cuban-history-spanish/2018/10/19/este-dia-en-la-historia-cubana-secuestro-de-aeronaves/

25 *Crash of a Vickers 755D Viscount off Antilla: 17 killed.* Bureau of Aircraft Accident Archives. Disponible en https://www.baaa-acro.com/crash/crash-vickers-755d-viscount-antilla-17-killed

26 *Cuba: La noche de las cien bombas y su contexto insurreccional.* Cuba Información. (2012). Disponible en https://www.cubainformacion.tv/cuba/20121113/46648/46648-cuba-la-noche-de-las-cien-bombas-y-su-contexto-insurreccional

27 Castro, M. *Fidel Castro, el mayor terrorista nacido en América.* La Ilustración Liberal. Nº 56-57.Madrid. (2013).

28 Alvarez Quiñones, R. «El castrismo es terrorista desde sus orígenes» en *Diario de Cuba.* 11 de diciembre de 2020.Disponible https://diariodecuba.com/cuba/1607678071_27122.html

El 12 de junio de 1957, mientras estaba preparando una de aquellas acciones de sabotaje, a García Collado le explotó una bomba. El incidente le dejaría sin las dos piernas y la mano izquierda:

> Poníamos bombas, quemábamos caña y (hacíamos) otros tipos de sabotajes. Aquello era terrorismo.

Domingo René García Collado fue juzgado y condenado a 14 años de cárcel en Pinar del Río. Tras el triunfo de la revolución, el propio Fidel Castro acudió en persona a liberarle y le nombró comandante de la revolución:

> Bueno, vino Castro (a Artemisa) el 17 de enero de 1959, habló con un capitán ayudante que yo tenía en el cuartel, le dijo que yo pasara al parque, que él quería hablar conmigo. Pude entrar al parque, los compañeros me llevaron. Me abrazó y, delante del pueblo, anunció que me daba el grado inmediato, que era el de comandante (grado máximo del ejército rebelde). Ese mismo día me nombró segundo jefe del regimiento de Pinar del Río. Escalona (Juan) era el jefe del regimiento[29].

No sería el único oficial revolucionario con antecedentes terroristas. En agosto de 1967, al concluir una charla sobre los planes hidráulicos de la Revolución ante el Seminario Latinoamericano de Periodistas, el comandante Faustino Pérez compartió numerosos detalles sobre la actividad terrorista en la que participó durante esos años. Hasta su muerte en 1992, el comandante Faustino fue miembro del Comité Central del Partido Comunista de Cuba y Diputado a la Asamblea Nacional del Poder Popular. Durante esa intervención relató los detalles de las acciones llevadas a cabo en esos años, mencionando bombas, secuestros, ajusticiamientos de lo que él denominaba «chivatos» y sabotajes.

> Aquí una vez se voló un registro de electricidad: se alquiló una casa, se hizo un túnel desde la casa hasta la calle, hasta el registro de electricidad, se coloca una bomba, y estuvo tres días sin electricidad la mayor parte de la capital. Eso produjo su tremendo impacto también, figúrense lo que significa es las fábricas paradas, la *Cía.* Eléctrica, los refrigeradores no andan, todas esas cosas[30].

En una entrevista publicada en *Granma* con motivo del 50 aniversario de las Fuerzas Armadas Revolucionarias, el general de división Samuel Rodiles Planas también proporcionó detalles sobre su actividad terrorista durante esos años.

> En unión de varios compañeros puse petardos y bombas, la más importante fue en la Compañía Cubana de Electricidad, la que dirigí como Segundo Jefe de Acción y Sabotaje en Guantánamo. También tiré cócteles Molotov, pinté paredes con las siglas del M-26-7, participé en la quema de cañas y otras.

---

29 Castro, M. *Fidel Castro, el mayor terrorista nacido en América.*

30 Perez Hernandez, F. (2003) *La Sierra, El Llano: eslabones de un mismo combate.* Cuadernos de Historia de la Salud Pública. Disponible en http://scielo. sld.cu/scielo.php?pid=S0045-91782003000200005&script=sci_arttext

En agosto de 1957, al caer preso Villa, me nombran Jefe de Acción y Sabotaje. Planifiqué atentados contra varios traidores y chivatos. Algunos fueron realizados con éxitos, como el ejecutado por Mario Revelo y José Salgado (Tato) en octubre al «Gallego Morán», deleznable y vil traidor que abandonó la Sierra Maestra y se unió al enemigo sirviéndole de chivato[31].

También hubo quienes no llegaron a ser recompensados con un cargo en las Fuerzas Armadas, ya que fallecieron antes del triunfo de la revolución. Es el caso de Sergio González López, *el Curita*, jefe de Acción y Sabotaje del Movimiento 26 de julio en La Habana. El Curita fue el principal responsable de la Noche de las Cien Bombas en La Habana, del incendio de la refinería de la Esso Standard Oil Company, de la voladura de los cables de la Estación de Ferrocarril de Bejucal, de la Estación de Ómnibus Nacionales y de la explosión del acueducto de Vento.

Su figura, sin embargo, ha sido ampliamente reconocida y objeto de homenajes en una clara reivindicación del personaje por parte del régimen cubano. Hoy, la antigua Plaza del Vapor y algunas dependencias estatales llevan su nombre y la casa donde fue detenido está considerada un sitio histórico[32].

El régimen cubano nunca ha escondido su admiración y gratitud hacia los terroristas que hicieron la revolución. Urselia Díaz Báez, integrante de los grupos de Acción y Sabotaje del Movimiento 26 de Julio murió al detonarse la bomba que estaba colocando en los baños del cine América en Centro Habana[33]. En aquel lugar se puede leer una gran placa que dice:

A la memoria de Urselia Díaz Báez, que murió heroicamente luchando contra la tiranía el 3 de septiembre de 1957.

Los terroristas Julio Pino Machado y Agustín Gómez-Lubián Urioste fallecieron de forma similar, cuando en mayo de 1957 les estalló una bomba que estaban tratando de colocar en el céntrico edificio del Gobierno Provincial en la ciudad de Santa Clara. Hoy estos terroristas dan nombre a sendas escuelas primarias en Cuba y la casa natal de Julio Pino Machado es un museo dedicado a la memoria del que denominan mártir revolucionario[34].

---

31 Báez, L. *Entrevista al general de división Samuel Rodiles Planas.* Especial Granma por el aniversario 50 de las gloriosas Fuerzas Armadas Revolucionarias. (1996). Disponible en: https://web.archive.org/web/20070110065137/http://www.granma.cubaweb.cu/secciones/generales/art12.html

32 Castro, M. *Fidel Castro, el mayor terrorista nacido en América.*

33 *Ibid.*

34 Entrada «Casa natal de Julio Pino Machado». Ecured. Disponible en https://www.ecured.cu/Casa_natal_de_Julio_Pino_Machado

3. El foquismo: la utilización del terror durante los primeros años de la Cuba revolucionaria

El odio como factor de lucha, el odio intransigente al enemigo, que impulsa más allá de las limitaciones naturales del ser humano y lo convierte en una efectiva, violenta, selectiva y fría máquina de matar. Nuestros soldados tienen que ser así; un pueblo sin odio no puede triunfar sobre un enemigo brutal.

(*Ernesto Che Guevara*)[35].

Desde el mismo momento del triunfo y la toma de poder por parte del Movimiento 26 de Julio, Fidel Castro y Ernesto Che Guevara se propusieron exportar la revolución cubana mediante insurgencias y expediciones armadas en el Continente.

En esta primera etapa se impone el foquismo, una estrategia divulgada posteriormente por el francés Regis Debray que preconizaba que la revolución en Hispanoamérica podía iniciarse no necesariamente en un centro urbano, sino a partir de una vanguardia, un pequeño grupo o «foco» de acción que hará uso intensivo del terror para crear las condiciones revolucionarias. Para el foquismo, en palabras de Carlos Alberto Montaner, «el comunismo no hará la Revolución. Es al revés. La Revolución hará al comunismo»[36].

A los efectos de este informe, es importante subrayar que un elemento esencial para la implantación de esa estrategia será el terrorismo. El papel de la violencia será recurrente, explícito y su defensa manifiesta. En estos años Fidel Castro defendía que las balas, no lo votos (*bullets, not ballots*) representaban la vía revolucionaria para alcanzar el poder. No vaciló en criticar con dureza a aquellos que, incluyendo a muchos comunistas, se oponían a la lucha armada, a quienes tildó de «traidores, derechistas y desviacionistas»[37].

---

35 Guevara, E. *Crear dos, tres…muchos Vietnam*. Primera edición en forma de folleto como suplemento especial para la revista *Tricontinental*, órgano del Secretariado Ejecutivo de la Organización de Solidaridad de los Pueblos de África, Asia y América Latina (OSPAAAL). La Habana. 1967

36 Montaner, C.A. *Viaje al corazón de Cuba…* P. 170

37 *Ibidem*

Estos son algunos de los episodios y acontecimientos de la actividad impulsada por el régimen cubano durante esta etapa:

- El 19 de abril de 1959 tropas guerrilleras cubanas y panameñas llevaron a cabo un intento de invasión en Panamá con el objetivo de replicar una revolución al estilo de la que había triunfado en Cuba unos meses antes. La expedición armada estuvo dirigida por el cubano César Vega, viejo amigo de la universidad de Fidel Castro con quien participó en el fiasco de Cayo Confites. La formaron un grupo de alrededor de 82 cubanos, dos panameños y un estadounidense y fue un fracaso desde el primer momento. El 1 de mayo César Vega capituló ante una comisión de la OEA[38].

- Entre el 14 y el 20 de junio de 1959, en el transcurso de una semana, 198 combatientes desembarcaron en la República Dominicana con el objetivo de derrocar al dictador Trujillo. Los revolucionarios habían sido previamente adiestrados en el campamento de entrenamiento situado en Mil Cumbres, en la provincia de Pinar del Río. De todos los combatientes tan solo seis pudieron sobrevivir, cuatro dominicanos y dos cubanos[39].

- En agosto de ese mismo año un grupo de unos 30 hombres armados -mayoritariamente cubanos y haitianos junto a dos venezolanos- zarparon de Baracoa rumbo a Haití con el fin de promover el derrocamiento del gobierno de François Duvalier. Los voluntarios haitianos habían recibido tres meses de entrenamiento en una base a las afueras de La Habana. Las fuerzas armadas haitianas pudieron derrotar a los guerrilleros y muy pocos pudieron escapar. Poco después Haití rompió relaciones con Cuba[40].

- En Nicaragua, desde Cuba se apoyó con armas, municiones y hombres cubanos varios intentos de invasión con el objetivo de derrocar el gobierno de Luis Somoza[41]. El Gobierno nicaragüense culpó a Cuba y en 1960 expulsó al embajador cubano y se rompieron las relaciones diplomáticas con la isla[42]. Como respuesta, en 1961 los cubanos crearon una organización guerrillera marxista-leninista que pasó a conocerse como el Frente Sandinista de Liberación Nacional (FSLN). Según el hermano del fallecido Carlos Fonseca Amador (fundador nicaragüense estalinista del FSLN), el embajador cubano en Nicaragua, Quintín Piño Machado, fue quien formó el FSLN[43].

---

38 Baeza Flores, A. *PANAMA: Castro's Intervention*. The History, Culture and Legacy of the People of Cuba. 2013. Disponible en https://www.thecuban-history.com/2013/08/cuban-unwise-intervention-in-panama-on-april-1959-la-imprudente-intervencion-cubana-en-panama-en-abril-1959/

39 Ferrero Blanco, M.D. y San Francisco, M. *1959: Los intentos de derrocamiento de las dictaduras de Trujillo, Stroessner y Somoza*. Historia Actual Online, 39 (1), 2016. P. 18

40 Véase Benemelis, J. *Las guerras secretas de Fidel Castro*. Downtown Book Center Inc. Miami, 2002. El capítulo primero referido a la guerra de guerra puede consultarse en https://cubamatinal.wordpress.com/wp-content/uploads/2019/01/cubamatinal1.pdf

41 *Ibid.*

42 Ferrero Blanco, M.D. y San Francisco, M. *1959: Los intentos de derrocamiento de las dictaduras de Trujillo, Stroessner y Somoza*. P. 16

43 Hudson, R. *Castro's America Department. Coordinating Cuba's Support for Marxist-Leninist Violence in the Americas*. Cuban American National Foundation. Miami, 1988.

- En junio de 1960 moría asesinada en España Begoña Urroz, una niña de apenas 20 meses, alcanzada por la explosión de una bomba en la estación de tren de San Sebastián. Durante años este atentado fue atribuido a ETA. Una investigación del Memorial de Víctimas del Comunismo realizada en 2020 concluyó que aquel artefacto no había sido colocado por la banda terrorista vasca, sino por el DRIL (Directorio Revolucionario Ibérico de Liberación) y la formación del DRIL nos lleva a Cuba[44].

El DRIL es una fusión entre la UCE (Unión de Combatientes Españoles) y el MNI (Movimiento Nacional Independiente). La UCE tenía presencia en Cuba y en Venezuela y, en su origen, estuvo muy marcada por la personalidad del hispanoamericano Alberto Bayo. Bayo había participado como instructor del Movimiento 26 de Julio y, según declaró en 1959 «estaba entrenando comandos que iban a actuar en España siguiendo el modelo de Sierra Maestra»[45].

Efectivamente, atentaron en España poco después con Jorge Muley Moré, coordinador de la militancia cubana y líder de la organización tras la salida de Bayo. Muley era el jefe del comando que perpetró el atentado que acabaría con la vida de Begoña Urroz. Tras el asesinato acabó convirtiéndose en lugarteniente del Che Guevara[46].

- A finales de 1961, las actividades orientadas a exportar la revolución se sistematizan. Con el objetivo de apoyar las guerrillas y las actividades terroristas en el exterior, Fidel Castro decide crear el Directorio de Liberación Nacional dependiente de la Dirección General de Inteligencia (DGI). En un principio se estructuran tres Comités de Liberación organizados regionalmente: Caribe, América Central y América del Sur[47].

Durante esos años, se estimó que fueron centenares los agentes formados por el Directorio de Liberación Nacional al que asesoraban, al menos, cinco agentes soviéticos de inteligencia[48]. Entre otros, dominicanos, guatemaltecos, venezolanos y chilenos se desplazaron a Cuba para recibir formación y para posteriormente volver infiltrados a sus países de origen[49].

---

44 Aizpiolea, L.: *Fin de la polémica: el DRIL mató a la niña Begoña Urroz*. El País, Madrid. 2020. Disponible en https://elpais.com/espana/2020-06-23/fin-de-la-polemica-el-dril-mato-a-la-nina-begona-urroz.html

45 Fernández Soldevilla, G. y de Pablo, S. : *Las raíces de un cáncer. Historia y memoria de la primera ETA (1959-1973)*. Tecnos, Madrid. 2024. P. 81

46 De la Cal, L. *El jefe del comando que mató a la niña Begoña Urroz acabó de 'lugarteniente' del Che Guevara*. El Mundo. 30 de junio de 2019. Disponible en https://www.elmundo.es/cronica/2019/06/30/5d1673a7fdddff9b3a8b4648.html

47 Hudson, R. *Castro's America Department. Coordinating Cuba's Support for Marxist-Leninist Violence in the Americas*. Cuban American National Foundation. Miami, 1988.

48 *Cuban Subversion in Latin America since June 1964*. Intelligence Memorandum. Directorate of Intelligence. Central Intelligence Agency. 1965.

49 Suchlicki, J. y Pons, E. *Cuba's commitment to violence, terrorism and anti-americanism*. Cuban Studies Institute. Miami. 2020.

- También en 1961, Fidel Castro establece relaciones con el Frente de Liberación Nacional de Argelia. Cuba suministra armas al grupo terrorista a través de Marruecos. Posteriormente, la cooperación se ampliaría al ámbito sanitario, educación e inteligencia militar[50].

- En Venezuela muy pronto empezaron a conocerse evidencias de la colaboración de Cuba con organizaciones terroristas: provisión de armas, entrenamientos, terrorismo callejero. Fidel Castro llegó a celebrar una reunión confidencial en plena Sierra Maestra con un conglomerado de líderes latinoamericanos «para analizar la forma de precipitar una cruzada bélica en todo el continente, partiendo de un foco venezolano»[51].

El presidente de Venezuela, Rómulo Betancourt, decidió presentar ante la OEA evidencias del intento de desestabilización de su Gobierno por parte de Fidel Castro. Como consecuencia de ello, en enero de 1962 la OEA reunida en sesión ordinaria, acordó expulsar a Cuba de la organización[52]. El soporte de Castro a la guerrilla venezolana continuará con el apoyo decidido a las Fuerzas Armadas de Liberación Nacional. Las FALN trataron de sabotear las elecciones democráticas de 1963 amenazando de muerte a quien se acercase a votar a las urnas[53].

- En el verano de 1962, el gobierno norteamericano encuentra evidencias irrefutables de la presencia de rampas de lanzamiento de cabezas nucleares capaces de disparar contra Estados Unidos. El derribo de un avión espía U-2 norteamericano que sobrevolaba territorio cubano acelera lo que se conocerá como la Crisis de los Misiles, que pudo desembocar en la Tercera Guerra Mundial. Finalmente, la crisis se resolvió por unos acuerdos entre los presidentes Kennedy y Kruschov[54]. En un telegrama dirigido a Kruschov durante los días de la crisis, el líder cubano parece proponer un ataque nuclear[55].

- El 20 de noviembre de 1962, Estados Unidos expulsó a los diplomáticos cubanos Elsa Montera Maldonado y José Gómez Abad por conspirar para realizar un gran atentado terrorista planeado para el viernes después del Día de Acción de Gracias de 1962. Los supuestos diplomáticos, que constituían un equipo formado por marido y mujer, en realidad eran agentes de la Seguridad del Estado. El complot pretendía detonar 500 kilos de explosivos dentro de Macy's, Gimbel's, Bloomingdale's y la Grand Central Terminal de Manhattan[56].

---

50 Gleijeses, Piero. *Cuba's First Venture in Africa: Algeria, 1961-1965* en Journal of Latin American Studies, vol. 28, no. 1, 1996, pp. 159–95. *JSTOR*, http://www.jstor.org/stable/157991.

51 Benemelis, J. Cita recogida en Avendaño, O. *Días de Sumisión*. Ignedio, Lima/Caracas. 2021

52 Avendaño, O. *Días de Sumisión…* P.6.

53 Fontaine, R.W. (1988). *Terrorism. The Cuban Connection...* P. 34.

54 Véase Hastings, M. *La crisis de los misiles de Cuba 1962*. Editorial Crítica. Madrid, 2023.

55 El telegrama de Fidel Castro dirigido a Kruschov el 26 de octubre de 1962 se puede consultar en el archivo digital de Wilson Center. Disponible https://digitalarchive.wilsoncenter.org/document/telegram-fidel-castro-n-s-khrushchev

56 *Cuban Couple Charged With Sabotage Plan*. Ellensburg Daily Record. Associated Press. Nov 20, 1962. Disponible en https://news.google.com/newspapers?nid=860&dat=19621120&id=TnsKAAAAIBAJ&sjid=U0sDAAAAIBAJ&pg=6964,5564977

- A comienzo de la década de los sesenta, el Directorio de Liberación Nacional fue también responsable de ofrecer apoyo a los denominados movimientos de liberación en África. Líderes africanos de Congo, Ghana, Kenia, Malí, Nigeria, Sudáfrica, Guinea, Tanganica y Zanzíbar –que derrocó al gobierno en 1963– recibieron fondos y entrenamiento militar en las instalaciones de la isla[57].

- En 1964, se funda en Colombia el Ejército de Liberación Nacional (ELN). Los promotores eran un grupo de estudiantes colombianos que había recibido formación instrucción militar en Cuba y se habían preparado para regresar a Colombia y comenzar la lucha guerrillera. Fabián Vásquez Castaño entablaría una relación directa con el Ernesto Ché Guevara con el fin de construir la organización terrorista[58].

- En la primavera de 1964 algunos militantes de ETA recibieron adiestramiento militar en los campos de entrenamiento en Cuba, donde tomaron lecciones de secuestro, subversión y sabotaje[59].

- En noviembre de 1964, se celebra en La Habana la Conferencia Latinoamericana de partidos comunistas. En ella, se acuerda impulsar una campaña para canalizar ayuda activa a guerrilleros en Venezuela, Colombia, Guatemala, Honduras, Paraguay y Haití[60].

- En 1965, Ernesto Guevara junto a otros trescientos cubanos se incorpora a la guerrilla establecida en Zaire, como se llamaba entonces el Congo Belga. En ese país permanecerá combatiendo alrededor de doce meses[61].

- En 1966, se celebra en La Habana la primera Conferencia Tricontinental que creará la Conferencia de Solidaridad de los Pueblos de África, Asia y América Latina (OSPAAAL). Durante doce días, asistieron más de quinientos líderes de ochenta y tres países. Había representantes partidos comunistas, movimientos radicales y organizaciones terroristas de todo el mundo. Entre los presentes hay terroristas palestinos, irlandeses, vascos, norcoreanos, libios, uruguayos, argentinos, nicaragüenses, dominicanos, brasileros, chilenos, venezolanos y colombianos[62].

- Durante esa conferencia, Fidel Castro reivindicó el papel de Cuba como apoyo a los procesos revolucionarios en todo el planeta e insistió en que «las balas, no las urnas» eran el camino para alcanzar el poder y proporcionó los medios institucionales para promover su línea violenta y antiamericana. Subrayó que

57 Véase, Hudson, R. *Castro's America Department. Coordinating Cuba's Support for Marxist-Leninist Violence in the Americas.* Cuban American National Foundation. Miami, 1988. Y Suchlicki, J. y Pons, E. *Cuba's commitment to violence, terrorism and anti-americanism.* Cuban Studies Institute. Miami. 2020.

58 *Ejército de Liberación Nacional. El legado del Che dentro del ELN de Colombia.* 2008. Disponible en https://cedema.org/digital_items/2869

59 Sánchez, M. y Simón, M. *Historia de un desafío. Cinco décadas de lucha sin cuartel de la Guardia Civil contra ETA.* Península. Madrid. 2017.

60 Eckel, P. *The Havana CP Conference of November 1964.* CIA (319/00004-65). Disponible en https://www.archives.gov/files/research/jfk/releases/2018/104-10338-10020.pdf

61 Kruijt, D. *Che Guevara and guerrilla warfare.* Globalizations, 20(8), 1528–1539. (2022) https://doi.org/10.1080/14747731.2022.2066055

62 Montaner, C.A. *Viaje al corazón de Cuba...* P. 170

«existen condiciones para una lucha revolucionaria armada» y criticó a aquellos que se oponían a la lucha armada, incluidos algunos líderes comunistas en América Latina, llamándolos «traidores, derechistas y desviacionistas»[63].

- En enero de 1967, el régimen cubano publicó una obra del francés Regis Debray *¿Revolución en la revolución?* en la que se hace una apología de la violencia y la lucha armada. El libro se tradujo a múltiples idiomas y se realizó una enorme difusión[64].

- En mayo de 1967 se produce un intento de invasión en Venezuela: el desembarco de Machurucuto. En la operación una veintena de cubanos y venezolanos provistos de armas a bordo de dos embarcaciones tratarían de crear un frente revolucionario. El intento es un fracaso.

- También en 1967, con el apoyo de Cuba y acompañado por un grupo de guerrilleros (entre ellos, muchos cubanos), Ernesto Che Guevara se adentra en las montañas bolivianas. Su captura y su muerte el 9 de octubre de 1967 producen un fuerte impacto en la confianza de Fidel Castro en la posibilidad de liderar una revolución continental. Como señala «la muerte de Guevara en combate en Bolivia en octubre de 1967 puso fin de manera efectiva a la era de la teoría del foco, que se basaba en la suposición irreal de que no se necesitan condiciones revolucionarias previas para fomentar una insurgencia guerrillera»[65].

---

63 Suchlicki, J. y Pons, E. *Cuba's commitment to violence, terrorism and anti-americanism.*

64 *Ibid.*

65 Hudson, R. *Castro's America Department. Coordinating Cuba's Support for Marxist-Leninist Violence in the Americas.*

4. La vigencia del terrorismo durante los años de la sovietización de Cuba

Si el Estado cubano optara por desarrollar actos terroristas, por responderles con terrorismo a los terroristas, estamos seguros de que seríamos unos terroristas muy eficientes... ¡Que nadie piense lo contrario! Si decidimos ser terroristas, no hay duda de que seríamos muy eficientes. Pero el que la revolución cubana nunca haya recurrido al terrorismo no significa que hemos renunciado a ello. Que esto sirva de advertencia *(Fidel Castro, discurso pronunciado en el Teatro Carl Marx en La Habana el 6 de junio de 1976)*.

La muerte de Che Guevara provocó un fuerte descrédito del foquismo como estrategia para alcanzar el poder. Los diversos intentos de replicar la revolución a través de guerrillas rurales fracasaron, demostrando que el modelo cubano no podía ser trasladado de manera automática a otros contextos.

La Unión Soviética, hacia 1968, comenzó a aplicar recortes en la ayuda y los suministros de petróleo y materias primas como medida de presión. Desde hacía años, Moscú intentaba subordinar las acciones de Fidel Castro a su propia estrategia. Ante esta situación, Castro no tuvo más opción que ceder y alinearse con la línea sugerida por el Kremlin.

Cuba quedaba así subordinaba ideológica, económica y operativamente a la Unión Soviética, pero eso no significaba el final de la utilización del terrorismo como arma política. En palabras de Fontaine:

La rendición de Castro ante los soviéticos, sin embargo, ni mucho menos puso fin a su travesía revolucionaria vinculada al terrorismo. De hecho, puede decirse que su verdadera carrera acababa de comenzar. El giro hacia Moscú, de hecho, podría hacer de una herramienta más disciplinada, confiable y eficiente para fomento de la violencia, incluido el terrorismo, y esta vez en una escala más amplia y profunda[66].

---

66   Suchlicki, J. y Pons, E. *Cuba's commitment to violence, terrorism and anti-americanism...* p. 40

De hecho, la influencia de Cuba en todo el mundo se incrementó hasta alcanzar niveles inimaginables pocos años antes. Fidel Castro fortalecerá de manera extraordinaria las capacidades del aparato militar convencional. Según Benemelis, «el masivo y lento ejército de Castro se transformará en una fuerza especializada, entrenada, con alto poder de fuego y movilidad, que depende totalmente de la URSS»[67].

En efecto, con la ayuda soviética Cuba llegará a tener el noveno ejército del planeta, un ejército mayor que el brasileño, el canadiense o el español. Las fuerzas armadas cubanas llegarían a integrar 225.000 soldados y oficiales de infantería, 190.000 reservistas y 500.000 milicianos. Asimismo, dispusieron de un vasto arsenal militar: más de 60.000 toneladas anuales de equipos y municiones, 1.400 tanques de guerra, dos fragatas y otras 60 embarcaciones de distintos tamaños, además de una fuerza aérea que incluye 400 aviones y helicópteros de combate y transporte[68].

El esfuerzo militar promovido por Castro fue tan significativo que, en África, llegó a concentrar hasta 70.000 hombres[69]. Cuba enviaría misiones militares a Angola, Etiopía, Sierra Leona, Congo, Guinea Ecuatorial y a una veintena de países del África Subsahariana. Asimismo, en el ámbito árabe, enviaría personal militar a Argelia, Irak, Libia, Siria, Yemen del Sur y al frente saharaui[70]. En 1973, durante la Guerra de Yom Kippur, se descubrió que bajo bandera siria operaba una brigada de tanquistas cubanos[71]. Además, en la década de 1970, su asistencia militar se expandiría a Granada y Nicaragua[72].

En este punto hay que subrayar que el fortalecimiento de ejército convencional cubano y la expansión de su presencia militar en el mundo no pusieron fin a sus conexiones con el terrorismo. A lo largo de este periodo:

- Se va a consolidar la colaboración entre Cuba y organizaciones terroristas palestinas. El apoyo del régimen cubano con Al-Fatah se remonta a 1965[73]. Ya sabemos que una amplia delegación de palestinos participó en la Conferencia Tricontinental celebrada en La Habana en 1966[74]. Desde entonces –como comentara Abu Iyan, uno de los lugartenientes más cercanos a Yaser Arafat– terroristas palestinos serán enviados a campos de adiestramiento en Cuba y agentes de la Dirección General de Inteligencia cubana viajarán

67 Benemelis, J. *Castro, subversión y terrorismo en África.* Editorial San Martín. Madrid, 1988. P. 253

68 Montaner, C.A. *Viaje al corazón de Cuba...* P. 172

69 Benemelis, J. *Castro, subversión y terrorismo en África...* P. 572.

70 *Ibid.*, p. 563.

71 Metz, A. *Cuban-Israeli relations: From the Cuban Revolution to the new world order.* Cuban Studies, 1993, pp 113-134.

72 Benemelis, J. *Castro, subversión y terrorismo en África...* P. 561.

73 Álvarez Acosta, M.E. *Una aproximación a la política exterior de Cuba hacia África Norte y el Medio Oriente.* Política internacional, V(No. 4/2023), La Habana, 2003, 103–119. Disponible en https://doi.org/10.5281/zenodo.8422830

74 Roig, P. *Cuba e Israel.* Cuban Studies Institute. Miami. 2018. Disponible en https://cubanstudiesinstitute.us/espanol/cuba-e-israel/

a distintas instalaciones para impartir formación a palestinos[75]. Según Fontaine, el incremento de los terroristas formados en campos cubanos pasará de media decena en la década de los 60 a alrededor de trescientos a finales de 70[76]. En 1968, serán enviados a campos del norte de África e Irak y, posteriormente, en 1972, se crearán campos de instrucción especializados en el Líbano, Libia y Yemen[77].

- Durante estos años no se renuncia a la legitimación explícita del terrorismo como herramienta para impulsar la actividad revolucionaria. Como señala Roger Fontaine cada época tiene su propio profeta. El Che Guevara, referente de la guerrilla rural, será reemplazado por el brasileño Carlos Marighella, quien, con su *Mini manual del guerrillero urbano*, promueve las técnicas terroristas, entre las cuales se incluyen el secuestro y la toma de rehenes, las técnicas de sabotaje, guerrilla urbana, el robo y el asesinato. Para Marighella «el terrorismo es un arma a la que el revolucionario nunca puede renunciar»[78].

  Fidel Castro haría llegar copias de ese manual a todos los rincones del mundo. A petición del Comandante, Giangiacomo Feltrinelli, líder de las Brigadas Rojas italianas y editor de la revista *Tricontinental*, lo publicaría en varios idiomas y lo distribuiría globalmente[79].

- El apoyo al terrorismo, sin embargo, no se limitó a un enfoque teórico. Es cierto que la subordinación de Cuba a la estrategia soviética trajo consigo, entre otras consecuencias, un cambio en la Dirección General de Inteligencia (DGI), de la cual salió Manuel Piñero, alias Barbarroja, quien fue el principal coordinador de las relaciones con las organizaciones terroristas en la región. No obstante, Fidel Castro logró mantener a Piñero al frente del Directorio de Liberación Nacional, que en 1974 se transformó en el Departamento de América, encargado de proporcionar los recursos necesarios para apoyar a los grupos terroristas de la región[80].

- En Uruguay se establecieron contactos y colaboraciones con el Movimiento de Liberación Nacional (MLN), más conocidos como los Tupamaros, una organización marxista-leninista que tenía la revolución cubana como modelo. Mauricio Rosencoff, quien asumiría el liderazgo de la organización tras el arresto de Raúl Sendic, habría recibido tanto fondos como directrices de la inteligencia cubana. Además, varios de sus líderes fueron entrenados en los campos establecidos en la isla[81].

---

75 Benemelis, J. *Castro, subversión y terrorismo en África...* P. 245.

76 Fontaine, R.W. (1988). *Terrorism. The Cuban Connection...* P. 115.

77 *Ibid.*, p. 114.

78 *Ibid.*, p. 46.

79 Benemelis, J. *Castro, subversión y terrorismo en África...* P. 245.

80 Hudson, R. *Castro's America Department. Coordinating Cuba's Support for Marxist-Leninist Violence in the Americas.* Cuban American National Foundation. Miami, 1988.

81 Fontaine, R.W. (1988). *Terrorism. The Cuban Connection...* P. 46.

- En Chile la influencia cubana durante el gobierno de Allende fue determinante. Durante esos años la actividad de la embajada fue frenética y su influencia llegaba al Palacio de La Moneda[82].

Fidel Castro ofreció siempre apoyo y asesoramiento a Salvador Allende –el propio Barbarroja se trasladó a Santiago de Chile para asesorarle poco antes del golpe militar–, pero desde Cuba mantuvieron en paralelo estrechas relaciones con el Movimiento de Izquierda Revolucionaria (MIR), una organización marxista que criticaba el supuesto gradualismo del Presidente y su incapacidad para desmantelar las denominadas estructuras del estado capitalista. Desde Cuba, junto con Corea del Norte, se brindó al MIR apoyo en inteligencia, armamento e instructores militares, quienes los formaron en áreas como falsificación de documentos, manejo de explosivos, fotografía y técnicas de camuflaje[83].

- En Argentina, el régimen cubano colaboró con diversas organizaciones terroristas. Durante esos años, operaba, por un lado, una organización trotskista llamada Ejército Revolucionario del Pueblo (ERP), que llevó a cabo una intensa actividad terrorista, incluyendo secuestros, robos y asesinatos. Por otro lado, estaban los montoneros, quienes habían recibido entrenamiento en Cuba. La DGI actuó como el nexo entre ambas. Desde allí, en 1974, se creó la Junta de Coordinación Revolucionaria (JCR) con el propósito de coordinar las actividades terroristas y clandestinas en Argentina, Bolivia, Chile y Uruguay[84].

En Perú, los cubanos establecieron vínculos con el Movimiento Revolucionario Túpac Amaru (MRTA), una organización terrorista que, a diferencia de Sendero Luminoso, centró sus ataques en objetivos estadounidenses. Sus miembros habían sido entrenados en Cuba y mantuvieron conexiones con la inteligencia cubana. En una redada policial llevada a cabo por las fuerzas de seguridad peruanas encontraron armas, uniformes verde oliva y medicinas cuyo origen establecieron en Cuba y Nicaragua[85].

- En Colombia, como ya se ha mencionado, el Ejército de Liberación Nacional (ELN) fue fundado por estudiantes colombianos durante su estancia en Cuba. Por otro lado, las Fuerzas Armadas Revolucionarias de Colombia (FARC) surgieron como una fusión de varios grupos guerrilleros bajo la dirección del Partido Comunista[86]. Y pronto Cuba tendría relaciones con la que a finales de los setenta se convertiría en la organización prominente: el Movimiento 19 de abril, conocido por su acrónimo M-19.

El M-19, que recibió apoyo y entrenamiento por parte de Cuba, fue responsable de múltiples robos, asesinatos y atentados. Entre sus acciones más destacadas se incluyen la toma de la Embajada de la República

---

82 Hudson, R. *Castro's America Department...*

83 Fontaine, R.W. (1988). *Terrorism. The Cuban Connection...*pp 49 y 50.

84 *Ibid.*, pp. 50 y 51.

85 Hudson, R. *Castro's America Department...*

86 Fontaine, R.W. (1988). *Terrorism. The Cuban Connection...* P. 96

Dominicana, que culminó con el pago de un rescate por la liberación de los rehenes y el asilo de los terroristas en Cuba; el asalto al Palacio de Justicia en Bogotá, que resultó en el asesinato de importantes jueces colombianos; y un intento de invasión orquestado desde Cuba en febrero de 1981[87].

El Departamento de América cubano realizó grandes esfuerzos orientados a la actividad de las distintas facciones y grupos terroristas. Con este objetivo, una reunión entre los líderes de las FARC, ELN y el M-19 culminó en la creación de una estrategia unificada[88].

Sin embargo, la gran innovación en las estrategias de subversión, en las que Cuba desempeñó un papel central, fue la estrecha alianza con el narcotráfico. Según las pruebas presentadas por el Departamento de Estado, la DEA y el Estado de Florida, desde 1980 se habría establecido una red conjunta entre Cuba, las guerrillas y el narcotráfico para facilitar el envío de drogas a Estados Unidos y el abastecimiento de armas a la guerrilla colombiana[89].

- En Nicaragua, el régimen cubano ofreció un apoyo muy importante al Frente Sandinista de Liberación Nacional (FSLN). El papel de Cuba fue muy relevante en la unificación de las distintas facciones guerrilleras, en la utilización del terrorismo urbano, la provisión de armas y entrenamiento y en el envío de lo que se denominó «internacionalistas», muchos de los cuales eran terroristas entrenados en Cuba[90].

Cinco meses después de la victoria de los sandinistas en Nicaragua, Fidel Castro aseguró a los rebeldes salvadoreños y hondureños que ellos serían los próximos. En El Salvador, el Departamento de América trabajó para unificar los diversos grupos terroristas. Como resultado, en 1980 se formó la Dirección Revolucionaria Unificada (DRU), que integraba a las Fuerzas Populares de Liberación «Farabundo Martí» (FPL), las Fuerzas Armadas de la Resistencia Nacional (FARN) y el Partido Comunista Salvadoreño (PCES). Más tarde, también se sumaría el Frente Farabundo Martí para la Liberación Nacional (FMLN).

Desde La Habana, se estableció una red de suministro de armas y se coordinaron intensivos programas de entrenamiento para preparar lo que se denominó la «ofensiva final», que estaba prevista para principios de 1981. Aunque la guerra relámpago resultó ser un fracaso, Cuba continuó su colaboración con el FMLN, que llevó a cabo una intensa actividad terrorista, incluyendo un intento de sabotear las elecciones de marzo de 1982 con una campaña de terror masivo[91].

---

87 Hudson, R. *Castro's America Department…*

88 *Ibid*

89 *Ibid.*, pp. 99-101

90 Fontaine, R.W. (1988). *Terrorism. The Cuban Connection…* pp. 63-64.

91 *Ibid.*, p. 66-70.

- A principios de abril de 1977, Castro viajó a Moscú, donde se reunió con Brézhnev y acordaron hacer todo lo posible para «promover internacionalmente los movimientos de liberación nacional comunistas». Gran parte de este esfuerzo se enfocaría en América Central[92].

- En Honduras, Cuba trabajó para unificar diversas organizaciones y facciones en la Dirección Nacional para la Unidad del Movimiento Revolucionario Hondureño (DNU-MRU). Aunque ese esfuerzo no tuvo éxito, La Habana no desistió en su apoyo a los diferentes grupos, suministrándoles armas y entrenamientos. Entre estos grupos destacaba el Movimiento Popular de Liberación (MPL), conocidos como los cinchoneros.

Según Fontaine, desde su fundación, la actividad de los cinchoneros se puede catalogar como casi exclusivamente terrorista. Tras el fracaso del intercambio de rehenes durante la toma del edificio de la Cámara de Comercio en San Pedro Sula, sus líderes encontraron refugio en Cuba. Desde el régimen de La Habana y Nicaragua también se brindó apoyo a las Fuerzas Revolucionarias Populares Lorenzo Zelaya (FPR-LZ), que, entre otros actos, fueron responsables del sabotaje a la principal central eléctrica de Tegucigalpa.

En Guatemala, los esfuerzos de Cuba también se centraron en unificar las diversas organizaciones. En 1980, con la presencia de Manuel Piñero, jefe del Departamento de América, y Ramiro Jesús Abreu, líder de la sección encargada de América Central, se anunció la creación de una organización política, la Unión Nacional Revolucionaria de Guatemala (UNRG), y su brazo armado, el Comando General Revolucionario (CGR). Esta nueva organización integraba en una sola estrategia al Ejército Guerrillero de los Pobres (EGP), la Organización del Pueblo en Armas (ORPA), las Fuerzas Armadas Rebeldes (FAR) y el Partido Guatemalteco del Trabajo (PGT). El acuerdo derivó en un incremento del entrenamiento militar y la asistencia por parte de Cuba. El envío de armas se hacía desde Nicaragua e incluía bazucas, morteros, ametralladoras y rifles M-16.

Las organizaciones tuvieron presencia en las zonas rurales y en las principales ciudades de Guatemala. En las ciudades el terrorismo urbano se convirtió en la principal táctica de la EGP. En 1981, esta organización reivindicó un atentado con una bomba colocada en el equipaje de un avión de la compañía estadounidense Eastern Airlines. Afortunadamente, la bomba explotó en tierra[93].

Costa Rica también fue blanco del terrorismo respaldado por el régimen cubano. Con la ayuda de Cuba, centenares de militantes del Partido Vanguardia Popular (PVP) fueron enviados a Nicaragua para unirse a la lucha con los sandinistas. Posteriormente, muchos de ellos se quedaron en el país para dirigir el entrenamiento militar de costarricenses. A partir de 1981, comenzaron a registrarse actividades terroristas, como secuestros, asesinatos, explosiones y robos de bancos, llevadas a cabo por costarricenses y extranjeros previamente vinculados con Cuba.

---

92 Hudson, R. *Castro's America Department…*

93 Fontaine, R.W. (1988). *Terrorism. The Cuban Connection…* Pp. 72-75.

- Tras la victoria de Michael Manley en Jamaica en 1973, su fuerza política el Partido Nacional del Pueblo (PNP) estableció relaciones con Cuba para el adoctrinamiento militar de jóvenes jamaicanos. Entre 1.000 y 1.400 brigadistas jóvenes viajaron a Cuba para recibir entrenamiento en terrorismo urbano encubierto.

  Poco antes de las elecciones de 1980, desde Cuba se envió una gran cantidad de armas y municiones que se utilizaron para atacar al partido de la oposición, el Partido Laborista de Jamaica. Este partido arrasó en las elecciones y, al cabo de nueve días, el nuevo gobierno rompió las relaciones diplomáticas con Cuba[94].

- Cuba desempeñó un papel clave en el establecimiento de un régimen marxista-leninista en Granada en 1979. La influencia del régimen cubano se intensificó una vez que Maurice Bishop asumió el poder. De inmediato, Fidel Castro designó a un alto funcionario de inteligencia del Departamento de América para coordinar las actividades y convertir a Granada en un estado policial. Se enviaron especialistas para asesorar a las nuevas fuerzas, y una veintena de oficiales fueron enviados a Cuba para entrenar a las unidades de campo. Además, se enviaron grandes cantidades de armamento, que también se utilizaron en operaciones de desestabilización en Surinam[95].

- En Puerto Rico, un territorio libre asociado a Estados Unidos desde 1952, existen numerosas evidencias de colaboración entre Cuba y las distintas organizaciones terroristas que han operado tanto en la isla como en territorio estadounidense.

  Cuba mantuvo una estrecha relación con el MIRA. Uno de los fundadores del Movimiento Independentista Revolucionario en Armas (MIRA), Filiberto Inocencio Ojeda-Ríos, quien fue reclutado por la inteligencia cubana durante su visita a Cuba en 1961, recibió entrenamiento en explosivos y se encargó de la campaña de detonación de bombas y explosivos. El MIRA fue responsable de 300 explosiones, casi todas ellas en San Juan, hasta su disolución en la década de los setenta.

  Tras la disolución del MIRA, Filiberto Ojeda ayudaría a fundar las Fuerzas Armadas de Liberación Nacional de Puerto Rico (FALN), una nueva organización terrorista que, a diferencia del MIRA, llevaría a cabo atentados principalmente en Estados Unidos, especialmente en Nueva York y Chicago. Las FALN serían responsables de la detonación de, al menos, 130 bombas, incluyendo las que hicieron estallar en la taberna Fraunces Tavern en Nueva York, un ataque que dejó 4 muertos y 63 heridos.

  Sin embargo, la organización terrorista que tuvo mayor impacto fue el Ejército Popular Boricua (EPB), conocido como los macheteros, responsables de asesinatos, explosiones y varios actos de sabotaje. Jorge Massetti reveló que ayudó a canalizar fondos cubanos para financiar esta organización. En 1983, los macheteros secuestraron

---

94 *Ibid.*, p. 87.

95 *Ibid.*, p. 90.

un camión de Well Fargo en Connecticut y robaron más de 7 millones de dólares, que luego fueron transportados a Cuba. Uno de los implicados en este robo, Víctor Manuel Gerena, encontró refugio en Cuba[96].

- La conexión de Cuba con el terrorismo en Estados Unidos va más allá de la canalización a través de los puertorriqueños. En 1967, durante la segunda edición de la Conferencia Tricontinental, Fidel Castro eligió como orador principal a Stokely Carmichael, promotor del Black Power y de las Panteras Negras. En ese evento, el líder cubano anunció su intención de iniciar una guerra de guerrillas en Estados Unidos, compromiso que afirmó que Cuba respaldaría públicamente. Sin embargo, el movimiento nunca alcanzó el éxito debido en gran parte a las discrepancias internas[97].

Desde Cuba también se brindó apoyo a Weather Underground, una organización terrorista nacida durante los años de convulsión y protestas contra la guerra de Vietnam. Junto a su grupo hermano, New World Liberation Front, fueron responsables de la colocación de miles de bombas en todo el país. Entre sus atentados se incluyen los realizados en el Capitolio y en la sede del Departamento de Estado, un ataque que, aunque no dejó víctimas fatales, causó un gran impacto, afectando a 20 oficinas en tres plantas del edificio[98].

- La conexión de los servicios de inteligencia cubanos con grupos terroristas fuera de sus fronteras también alcanzó Europa. Se mencionan relaciones con las Brigadas Rojas en Italia, ETA en España y el IRA en Irlanda.

En 1975, el gobierno francés ordenó la expulsión de tres diplomáticos cubanos debido a su colaboración con el terrorista Ilich Ramírez Sánchez, conocido como Carlos El Chacal, uno de los terroristas más buscados del mundo, implicado en el asesinato de dos agentes franceses y un informante libanés en un piso del Barrio Latino de París.

De origen venezolano, Carlos El Chacal comenzó su relación con Cuba en los años de la Conferencia Tricontinental, pasó una temporada en los campos de adiestramiento militar que la DGI había instalado en Cuba y siempre mantuvo sus vínculos con La Habana[99].

---

96 *Ibid.* Pp 133-135.

97 *Ibid.*, p. 137.

98 *Weather Underground Bombings. Famous Cases and Bombings.* Federal Bureau of Investigation (FBI). Disponible en https://www.fbi.gov/history/famous-cases/weather-underground-bombings

99 *France Expelling 3 Cuba Officials.* New York Times, Nueva York, 11 de julio de 1975. Disponible en https://www.nytimes.com/1975/07/11/archives/france-expelling-3-cuban-officials-diplomats-said-to-be-linked-with.html

5. Cuba ante la caída del bloque soviético y el auge de las redes trasnacionales de criminalidad

> Irán y Cuba, en conjunto, pueden poner de rodillas a Estados Unidos.
> El régimen de Estados Unidos es muy débil, y estamos presenciando su debilidad de cerca
> *(Fidel Castro durante su visita a Irán, Siria y Libia. Agencia France Press, 10 de mayo 2001).*

Como es sabido, a principios de los años noventa, el colapso del sistema comunista y la disolución de la Unión Soviética tuvo un impacto devastador en Cuba. Hacía tiempo que la dictadura cubana había completado su proceso de sovietización y su dependencia ideológica, económica y orgánica de la URSS era total. Pero, con la URSS o sin ella, Fidel Castro no estaba dispuesto a enmendar su revolución.

Desde los tiempos de la *perestroika* impulsada por Gorbachov en la Unión Soviética, Fidel Castro había rechazado cualquier intento de apertura en Cuba, también la transición hacia una economía de mercado. No importaba que el resto del mundo hubiera comprendido la falacia económica del centralismo comunista. Fidel Castro estaba decidido a ser una excepción, a mantenerse como el último bastión del comunismo. Poco después de la visita de Gorbachov a Cuba en 1988, el Comandante en Jefe arremetió contra quienes proponían una *perestroika* para Cuba: «No tenemos nada que aprender y no nos vamos a desviar ni un ápice de este camino», afirmó[100].

En efecto, por decisión de Fidel Castro, Cuba quedaba convertida en una excepción, en una suerte de reserva del sistema socialista en un mundo que parecía enterrar el comunismo. Este inmovilismo tuvo varias implicaciones en la evolución futura del país.

Por un lado, Cuba se movía para encontrar apoyos y reafirmar su liderazgo en la denominada izquierda regional. En 1990, junto al que luego sería presidente de Brasil, Ignacio Lula da Silva, Fidel Castro fundaba el Foro de Sao Paulo. El objetivo era crear la resistencia, agrupar a las organizaciones, partidos y movimientos de izquierda que

---

100 Castro, F. *Discurso pronunciado el acto central por el 35 Aniversario del asalto al Cuartel Moncada.* 26 de julio de 1988. Disponible en http://www.fidelcastro.cu/es/discursos/discurso-pronunciado-en-el-acto-central-por-el-xxxv-aniversario-del-asalto-al-cuartel

quedaban tras el colapso soviético y mantener encendida la llama del marxismo. El Foro de Sao Paulo ha desarrollado la mutación política de la izquierda latinoamericana; ha contribuido al ascenso al poder de muchos de sus candidatos a través de la vía electoral; pero también ha incluido en su seno a organizaciones terroristas como el ELN o las FARC y ha realizado operaciones de desestabilización de las democracias en la región[101].

En el ámbito interno, Fidel Castro cortó de raíz cualquier tentación de reforma. Así se interpretó el llamado caso Ochoa, considerado la mayor purga política desde el inicio de la revolución cubana que liquidó a líderes cubanos que, con razón o sin ella, podrían haber desafiado el liderazgo de Fidel Castro. Alegando conexiones con el narcotráfico, el régimen cubano procedió a la detención, juicio y posterior condena del general Arnaldo Ochoa, Antonio y Patricio de la Guardia, Amado Padrón y Jorge Martínez, así como a otros oficiales[102]. Hoy sabemos que las conexiones con el narcotráfico eran más amplias y no sólo continuaron, sino que los vínculos del régimen con el tráfico de drogas y las redes de criminalidad pasarían a ser un elemento estructural para su viabilidad.

En efecto, el fin de los subsidios soviéticos obligó al régimen cubano a encontrar nuevas vías para sanear las cuentas públicas y financiar el gasto público del país. El denominado Periodo Especial abrió un camino para las reformas. Se exigieron sacrificios, se impulsaron reformas, se despenalizó la tenencia de dólares, se abrieron vías para canalizar inversión extranjera, se produjo una tímida apertura a las actividades cuentapropistas y se trató de desarrollar una ambiciosa industria en torno al turismo y la biotecnología. Años después, Raúl Castro llevaría a cabo un proceso de reformas con el objetivo de fortalecer las capacidades productivas del país. La realidad, como señala, Jorge Sanguinetty, es que más de seis décadas después de la implantación del comunismo, Cuba continúa manteniendo una economía disfuncional, que sufre una inestabilidad permanente y mantiene una dependencia crónica de grandes subsidios y capital extranjero[103].

El régimen cubano tuvo cierto éxito en encontrar nuevas vías capaces de generar divisas para mantener la maltrecha economía cubana.

- Las remesas aprobadas por Fidel Castro en 1993 llegaron a representar una de las fuentes de ingresos más importantes para la Isla. Según el economista Pavel Vidal, en el periodo 2005-2020 el valor de intercambio económico de las remesas enviadas a Cuba desde Estados Unidos representaba una media del 6,8% del PIB[104].

- La exportación de médicos y otros profesionales a más de 68 países reportaba más de 7.700 millones dólares y ha llegado a ser una de las principales fuentes de ingresos, por encima del turismo.

---

101 Sobre el Foro de Sao Paulo véase Peña Esclusa, A. *La Guerra Cultural del Foro de Sao Paulo*. Federación Verdad Colombia. Bogotá, 2021.

102 Sobre el caso Ochoa léase Fogel, J y Rosenthal, B.: *Fin de siglo en La Habana*. Anaya. Madrid, 1994.

103 Sanguinetty, J. *The Cuban economy 60 years later*. Cuba in Transition: Volume 29. Papers and Proceedings of the Tenth Annual Meeting. Disponible https://www.ascecubadatabase.org/wp-content/uploads/2020/01/v29-asce_2019_22sanguinetty.pdf

104 Vidal Alejandro, P. *El impacto económico de las sanciones estadounidenses a Cuba, 1994-2000*. Documento de trabajo. Real Instituto Elcano. Madrid, 2022.

- La aparición de subsidios recurrentes por terceros países, muy particularmente, Venezuela, cuyas ayudas llegaron a representar un 22% del PIB.

- A los efectos de este informe lo relevante, sin embargo, es que el régimen cubano fortaleció sus actividades relacionadas con el terrorismo y el crimen organizado, ya que pasarían a formar parte intrínseca y central de la estrategia del régimen, que se ha convertido en un actor internacional de crimen organizado trasnacional.

Tras la caída del Muro de Berlín, Cuba no sólo mantuvo los vínculos con el terrorismo y el narcotráfico, sino que convertiría éstos y el crimen organizado en uno de los pilares de la viabilidad del régimen. Con relación a las actividades terroristas en sentido estricto, lo novedoso de esta última etapa es que ya no será posible distinguir si es Cuba quien patrocina el terrorismo o es el propio crimen organizado quien controla el régimen cubano.

En este sentido Cuba se habría convertido en lo que Moisés Naím califica como estado mafioso:

> En las últimas dos décadas una serie de profundas transformaciones en la política y la economía mundial han impulsado la aparición de lo que llamo Estados mafiosos. Países en los que los conceptos tradicionales de «corrupción», «crimen organizado» o de entes gubernamentales «penetrados» por grupos criminales no captan el fenómeno en toda su complejidad, magnitud e importancia. En los Estados mafiosos, no son los criminales quienes han capturado al Estado a través del soborno y la extorsión de funcionarios, sino el Estado el que ha tomado el control de las redes criminales. Y no para erradicarlas, sino para ponerlas a su servicio y, más concretamente, al servicio de los intereses económicos de los gobernantes, sus familiares y socios.

A principios de los años ochenta se crea en Cuba un entramado empresarial y organizativo con el fin de diversificar lo que se denominaban las fuentes del Comandante[105]. La red coordinaba un conjunto de actividades que escapaba del férreo y centralizado sistema de planificación. Muchas de estas actividades formaban parte de la economía lícita, pero también servían, entre otras cosas, para el lavado de capitales procedentes del tráfico de drogas. Entre las organizaciones que formaban parte de esta red se encontraba la Corporación CIMEX, Cubanacan, el Banco Financiero Internacional…, y de ellas dependía el Departamento de Moneda Convertible, creado para desarrollar una actividad subrepticia capaz de burlar el embargo americano. A su cabeza estaba Tony de la Guardia[106].

La investigadora y directora de Archivo Cuba, María Werlau ha descrito con detalle este conglomerado empresarial, gestionado por el círculo más cercano a la familia Castro y, que a su vez, mantendría estrechas conexiones con el narcotráfico, el crimen organizado y el lavado de dinero.

---

105 *Las Reservas del Comandante*. De Cuba Monthly Economic Report. Número especial, agosto de 1997. Disponible en http://www.futurodecuba.org/las_reservas_del_comandante.htm

106 *Ibid.*

Las «Reservas del Comandante» se nutren, según informes, a través de esquemas que incluyen: (1) un porcentaje asignado de los ingresos provenientes del turismo, las remesas del extranjero y las operaciones comerciales en moneda fuerte dentro y fuera de Cuba; (2) las ganancias en moneda fuerte de los cubanos empleados en el extranjero o que realizan negocios en el extranjero pero bajo la autoridad o control del Estado cubano; (3) la venta de activos del Estado cubano a extranjeros; (4) la venta en el extranjero de arte, artefactos, joyas, antigüedades y otros objetos de valor que se toman cuando sus propietarios dejan el país; y (5) los ingresos del tráfico de drogas y actividades criminales perpetradas por grupos subversivos y terroristas con la ayuda de agentes cubanos o coordinadas por Cuba[107].

Las conexiones de Cuba con el narcotráfico han sido largamente denunciadas y documentadas. Algunos se remontan a Crescencio Pérez, el campesino que ayudó a Fidel Castro a asentarse en Sierra Maestra, que controlaba la producción y comercialización de muchos cultivos, incluida la marihuana. Cuando algunos de los revolucionarios se dieron cuenta de quién era su salvador y se quejaron a Castro, él les dijo que por el momento debían depender de él. Acabaría siendo un héroe revolucionario[108].

En *El Gran Engaño: Fidel Castro y El Narcotráfico Internacional*, el periodista de investigación uruguayo José Friedl hace un profuso repaso de las conexiones del régimen cubano con el tráfico de drogas: el papel del Departamento de América y el comandante Manuel Piñeiro en los primeros años de revolución y cómo envolvieron a Salvador Allende en esas actividades; el acuerdo alcanzado a mediados de los setenta con el M-19 en Colombia, que incluía el suministro de armas y la colaboración en el tráfico de drogas hacia Estados Unidos; la conexión panameña con Manuel Noriega; la sombra de Cuba en el envío de drogas a través de Nicaragua; la involucración en el tráfico de drogas de Reinaldo y Rubén que hacían uso del aeropuerto de Varadero; o el caso del de 7,2 toneladas de cocaína por una compañía controlada por el estado cubano[109].

Existe una constante, un patrón recurrente, un esquema persistente que es la conexión de altos funcionarios y militares del régimen. Porque los nexos de Cuba con el narcotráfico no son accidentales, sino estructurales. Ese era precisamente uno de los puntos destacados en un informe secreto de la CIA, desclasificado en 1989, que resaltaba las relaciones entre el gobierno cubano y el narcotráfico[110].

---

107 Véase Werlau, M. *Fidel Castro, Inc. A global conglomerate.* Cuba in Transition: Volume 15. Papers and Proceedings of the Fifteenth Annual Meeting. https://www.ascecubadatabase.org/wp-content/uploads/2014/09/v15-werlau.pdf

108 Betancourt, E. *Cuba's Balance of Payments Gap, the Remittances Scam, Drug Trafficking and Money Laundering.* Cuba in Transition: Volume 10. Papers and Proceedings of the Tenth Annual Meeting. Disponible en https://ascecubadatabase.org/asce_proceedings/cubas-balance-of-payments-gap-the-remittances-scam-drug-trafficking-and-money-laundering/

109 Friedl Zapata, Jose A. *El Gran Engaño: Fidel Castro, y su íntima relación con el narcotráfico internacional.* Buenos Aires: Editorial Santiago Apostol, 2005.

110 El informe de la CIA *Cuban Government involvement in Drug Trafficking* fue desclasificado en mayo de 2009 y está disponible en https://www.cia.gov/readingroom/docs/CIA-RDP87T00217R000700140002-5.pdf

El informe contenía información sobre la colaboración con destacados traficantes como Carlos Lehder y Jaime Guillot, el uso de rutas aéreas, puertos y vías marítimas, así como el apoyo al lavado de dinero y las conexiones con otros gobiernos. Sin embargo, lo más relevante era que señalaba que el grado de implicación de oficiales de alto rango en una estructura de poder tan monolítica como la cubana hacía improbable pensar en hechos aislados, sugiriendo en cambio una política de Estado llevada a cabo por el régimen.

Son muchas y reiteradas las evidencias de colaboración por parte de las altas autoridades de Cuba en el narcotráfico:

- En 1982, un tribunal de Estados Unidos se encargó de analizar el caso relacionado con los vínculos de Cuba con el M-19 colombiano. Cuatro militares de alto rango aparecían vinculados: el almirante Aldo Santamaría, jefe de la Armada Cubana y cercano colaborador de Castro; Fernando Ravelo, embajador en Colombia y luego en Nicaragua; René Rodríguez Cruz, presidente del Instituto Cubano del Amistad con los Pueblos, cercano colaborador de Castro, ya fallecido; y Gonzalo Bassols, diplomático cubano acreditado en Colombia en ese momento[111].

- En 1989, en Florida, se celebró un juicio contra el narcotraficante Robert Vesco, que volvía a poner en evidencia las vinculaciones de la cúpula cubana con el tráfico de drogas, con la habilitación de un corredor seguro para el paso de aviones cargados con drogas sobre el espacio aéreo cubano. Según la acusación, Vesco obtuvo la aprobación de las autoridades cubanas para este acuerdo. Más tarde, en una entrevista en Radio Martí, el exjefe adjunto de la Fuerza Aérea Cubana, el general Rafael del Pino –que desertó en 1987– declaró que todos los aviones que volaban sobre Cuba y se desviaban de los corredores debían ser autorizados por la oficina de Raúl Castro.

- En el juicio del general panameño Noriega, condenado en Estados Unidos por narcotráfico en 1993, aparece la figura del propio Fidel Castro como mediador con el Cartel de Medellín y la incautación de un laboratorio de cocaína en el país.

- En 1989, durante el proceso penal que juzgaba el caso de Reinaldo y Rubén Ruiz, se confirmaron evidentes conexiones con las Fuerzas Armadas. Reinaldo era primo del capitán Miguel Ruiz Poo, del Ministerio de Interior. Las autoridades cubanas permitían que los hermanos Ruiz aterrizaran en el aeropuerto de Varadero Beach para reabastecerse de combustible después de lanzar la droga frente a la costa cubana, cerca de las Bahamas. Mientras tanto, los contrabandistas que operaban en lanchas rápidas venían desde Florida a recoger los cargamentos. Para asegurar la operación, el radar de la Guardia Costera cubana monitoreaba las patrullas de la Guardia Costera de EE. UU. y ayudaba a los lancheros a eludirlas.

---

111 Betancourt, E. *Cuba's Balance of Payments Gap, the Remittances Scam, Drug Trafficking and Money Laundering.* Cuba in Transition: Volume 10. Papers and Proceedings of the Tenth Annual Meeting. Disponible en https://ascecubadatabase.org/asce_proceedings/cubas-balance-of-payments-gap-the-remittances-scam-drug-trafficking-and-money-laundering/

- En la década de los 90, Cuba a través de sus fuertes conexiones con las organizaciones terroristas colombianas, jugó un papel central en el establecimiento de toda una red de narcotráfico en Venezuela. El fruto de esta asociación fue la consolidación dentro de las Fuerzas Armadas del Cartel de los Soles, así denominado por los adornos en los uniformes[112].

La dictadura cubana contribuyó no sólo al establecimiento de estas relaciones, sino también a la expansión a nuevos mercados[113]. En estos años, Venezuela se ha convertido en uno de los centros de distribución de cocaína más importantes del mundo. Anualmente se trafican por Venezuela unas 250 toneladas, que representan entre el 10% y el 15% de la producción global estimada[114]. Y Cuba, como señala, Maibort Petit «ha sido su mentor»[115].

En efecto, desde el ascenso al poder de Hugo Chávez, La Habana tiene un papel muy importante de injerencia en Venezuela. Tanto que en 2007 Hugo Chávez propone una confederación de dos países en uno y se incluye esa opción en el referéndum constitucional rechazado ese año por los venezolanos[116]. En 2015, Leasmy Salazar testificó en el juicio por narcotráfico celebrado en Nueva York contra los sobrinos de Nicolas Maduro y su mujer Cilia Flores. El que fuera jefe de seguridad y asistente personal de Hugo Chávez acusó a Diosdado Cabello de ser la cabeza del Cartel de los Soles. Y aseguró que el régimen cubano protege y sirve algunas rutas del narcotráfico desde territorio venezolano a Estados Unidos[117].

- El 19 de mayo de 2019, los Servicios Navales Panameños (SENAM Panamá) anunciaron que confiscaron miles de paquetes de cocaína escondidos en bolsas de carbón que provenían de Cuba y tenían como destino Turquía[118].

En este contexto de vinculación con el narcotráfico, las conexiones de Cuba con terrorismo no han cesado, más bien, se han expandido alcanzando una dimensión global. Tanto que hoy no es fácil concluir si Cuba es un estado que colabora con el terrorismo o es más bien un nodo de una red trasnacional de criminalidad, el mayor conglomerado de crimen organizado trasnacional que jamás haya existido[119].

---

112 La periodista y politóloga venezolana Maibort Petit ha investigado y documentado extensamente la actividad del Cartel de los Soles. Entre otros pueden consultarse Petit, M. *El cartel de los soles: La conspiración criminal de Hugo Chávez. Cocaína en Miraflores*. Washington DC. 2018.

113 Wutz, S. *Cartel de Soles*. Center for a Free Cuba. Washington. 2021. Disponible en https://cubacenter.org/publications/2021/08/05/cartel-de-soles/#_edn4

114 Insight Crime. *La revolución de la cocaína en Venezuela*. 2022. Disponible en https://insightcrime.org/wp-content/uploads/2022/05/La-revolucion-de-la-cocaina-en-Venezuela-InSight-Crime-Apr-2022.pdf

115 Véase Petit, M. «Venezuela: un Estado que se convirtió en una organización criminal». en Spencer, D., Coutinho, L., Blanco, J.A., Petit, M., Sanchez Berzain, C, Acha, H. *Guerra Infinita. Las caras del nuevo conflicto mundial*.

116 Sobre el papel de Cuba en Venezuela puede consultarse el informe elaborado por la Asociación Española Cuba en Transición, el Center for a Free Cuba y la Fundación para la Democracia Panamericana. *El papel de Cuba en la tortura y represión de Venezuela*, septiembre 2024. Disponible en https://www.scribd.com/document/767662897/Informe-Papel-de-Cuba-en-La-Represion-y-Tortura-de-Venezuela

117 Petit, M. *Cocaína en Miraflores. Crónica del narco poder en Venezuela*. Washington, 2018

118 Suchlicki, J. *Cuba's commitment to violence, terrorism and anti-americanism. Cuban Studies Institute*. Miami, 2020. Disponible en https://cubanstudiesinstitute.us/principal/cubas-commitment-to-violence-terrorism-and-anti-americanism/

119 Véase Sanchez Berzaín, C. «Castrochavismo: crimen organizado en las Américas». En Spencer, D., Coutinho, L., Blanco, J.A., Petit, M., Sanchez Berzain, C, Acha, H. Guerra Infinita. *Las caras del nuevo conflicto mundial*.

- El 17 de mayo de 2012, la Subcomisión para el Hemisferio Occidental del Comité de Asuntos Exteriores del Congreso de EE. UU. celebró una audiencia sobre *La red global de terrorismo, inteligencia y guerra de Cuba*. Entre los expertos que hablaron en la audiencia estaba Christopher Simmons, editor fundador de Cuba Confidential, una fuente de noticias sobre el espionaje cubano a nivel mundial.

  Durante su exposición, el referirse al terrorismo en Cuba, Summons subrayaba tres aspectos: que se trata de un terrorismo dirigido por el régimen, apoyado por el régimen y, finalmente, vinculado a alianzas con múltiples organizaciones terroristas[120].

En estos años Cuba ha continuado siendo un santuario que ha funcionado como refugio seguro para decenas de terroristas de todo el mundo:

- Más de una treintena de terroristas de ETA encontraron refugio en Cuba desde los años ochenta. Algunos fueron como parte de un acuerdo con el gobierno de España. Pero también se ocultó la presencia de muchos otros. Entre ellos, Miguel Ángel Apalategui, alias «Apala», miembro del Comando Donosti, acusado del asesinato del también dirigente etarra Eduardo Moreno Bergareche «Pertur», además de varios atentados contra militares y guardias civiles.

  Durante ese tiempo, los terroristas fueron entrenados por un oficial de contrainteligencia cubana. En 1992, el gobierno cubano autorizó la instalación de una especie de cuartel general de ETA en La Habana[121].

- Algunos terroristas formados en Cuba tuvieron un papel muy destacado en atentados perpetrados por ETA en España. Florencio Domínguez detalla que la planificación del secuestro del empresario Emiliano Revilla fue dirigida por René Valenzuela, alias Gato, miembro del MIR, agente cubano y considerado uno de los protegidos de Manuel Piñeiro, alias Barbarroja. Sólo el secuestro de Emilio Revilla implicó a trece miembros del MIR. Una parte importante de este grupo había pasado por Cuba, donde había recibido entrenamiento guerrillero. Son siete los casos constatados, pero seguramente sean más[122].

- En 2011, ETA anunció que dejaba las armas. Nunca pidió perdón a las víctimas, ni colaboró en el esclarecimiento de los atentados no resueltos. Su brazo político, Bildu, ahora está en las instituciones españolas. En junio de 2024, varios representantes de Sortu –integrante de Bildu– viajaron a Cuba para firmar un convenio de intercambio y cooperación con el partido comunista de Cuba.

---

120 Puede consultarse la transcripción completa de la comparecencia de Christopher Simmons en el Congreso en https://www.govinfo.gov/content/pkg/CHRG-112hhrg74240/html/CHRG-112hhrg74240.htm

121 García Mostazo, N. y Álvarez, M. *Fidel Castro, aliado de guerrillas y protector de ETA*. Disponible en https://www.libertaddigital.com/otros/revista/articulos/30141689.htm

122 Véase Domínguez, F. *Las conexiones de ETA en América*. RBA Ediciones. Barcelona, 2010. P. 32

- Cuba también ha servido de residencia y refugio de miembros de las FARC y el ELN. Entre otros, Iván Márquez, Jesús Santrich o Rodrigo Londoño Echeverri, alias Timochenko, Israel Ramírez Pineda, alias Pablo Beltrán; Víctor Orlando Cubides, alias Aureliano Carbonell; Manuel Gustavo Martínez; Consuelo Tapias; Tomás García; Isabel Torres; Juan de Dios Lizarazo Astrosa, alias Alirio Sepúlveda; Luz Amanda Pallares, alias Silvana Guerrero; Vivian Henao; Nicolás Rodríguez Bautista, alias Gabino; y Oscar Serrano. En enero de 2019, el presidente de Colombia pidió a Cuba la extradición de varios líderes. Cuba se negó[123].

- En 2020, La Habana rechazó las solicitudes de extradición de Colombia para entregar a diez líderes del Ejército de Liberación Nacional (ELN) que actualmente viven en Cuba. Un año el ELN perpetró y reivindicó un atentado con coche bomba en la Academia de Policía de Bogotá y dejó 22 muertos y más de 87 heridos[124].

- También permanecen en la Isla algunos de los terroristas puertorriqueños de las Fuerzas Armadas de Liberación Nacional (FALN) que perpetraron el atentado de Fraunces Tavern en Nueva York, dejando 4 muertos y más de 50 heridos, huyeron a Cuba. El régimen continúa negando la extradición de William «Guillermo» Morales, uno de los responsables.

El régimen cubano no solo no ha pedido perdón por la colaboración con el terrorismo ejercida durante todos estos años, sino que ha continuado desarrollando una ingente labor de propaganda y diplomacia por todo el mundo para legitimar el terrorismo:

- Durante estos años el régimen cubano ha sido tremendamente exitoso en transformar su largo historial de propaganda en un mito romántico revolucionario. El caso del Che Guevara es paradigmático. Se trató de una campaña deliberada, que contó con la ayuda de la KGB y sus satélites, que se convirtió en la campaña de marketing más exitosa de los tiempos modernos[125].

- Cuba también ha evitado de forma reiterada emitir cualquier tipo de condena a Hamas. Al revés, ha tratado de legitimar su actividad terrorista. Después del ataque terrorista del 7 de octubre a Israel, el Ministerio de Relaciones Exteriores de Cuba emitió una declaración culpando a la violencia de la «impunidad de Israel» y calificando al estado judío como una potencia ocupante. Una vez más, faltó fue cualquier condena a los terroristas de Hamas[126].

---

123 Suchlicki, J. *Cuba's commitment to violence, terrorism and anti-americanism.*

124 Humire, J. y Suárez, J. *Cuba and Iran Are Still State Sponsors of Terrorism.* The Heritage Foundation. 4 de enero de 2024. Disponible en https://www. heritage.org/terrorism/commentary/cuba-and-iran-are-still-state-sponsors-terrorism

125 Entrevista a Maria Werlau. Véase Peñas, A. «El mito del Che ha sido la campaña de marketing más exitosa de todos los tiempos». Disidentia, 3 de junio de 2023. Disponible en https://disidentia.com/el-mito-del-che-ha-sido-la-campana-de-marketing-mas-exitosa-de-los-tiempos-modernos/

126 Humire, J. y Suárez, J. *Cuba and Iran Are Still State Sponsors of Terrorism.* The Heritage Foundation. 4 de enero de 2024. Disponible en https://www. heritage.org/terrorism/commentary/cuba-and-iran-are-still-state-sponsors-terrorism

- Durante años, Cuba ha desarrollado una maquinaria de propaganda contra Israel y no ha dudado en legitimar el terrorismo en Palestina[127]. Cuba ha operado como uno de los principales actores de propaganda de la OLP (Organización para la Liberación de Palestina). Tras los ataques terroristas que masacraron a más de 1.200 personas en Israel en octubre de 2023, el Ministerio de Asuntos de Exteriores cubanos emitió un comunicado en el que eludía condenar el atentado y culpaba a Israel de la situación. Desde las terminales mediáticas cubanas se hizo una ingente labor para justificar los ataques terroristas.

- El 23 de noviembre de 2023, la dictadura cubana organizó una marcha pro-Hamás de 100.000 personas con pancartas y carteles en apoyo a los terroristas de Hamás[128].

- Pero la influencia de Cuba se hizo notar más allá de la isla. En Nueva York, el 8 de octubre de 2023, un día después de los ataques terroristas en Israel, militantes de izquierda realizaron una protesta en Times Square para celebrar el ataque terrorista como una forma de resistencia gritando consignas antisemitas y ondeando pancartas y carteles. El 11 de octubre de 2023, *The People's Forum* (TPF) emitió un comunicado justificando su manifestación del 8 de octubre en Times Square y reafirmando su apoyo al ataque.

   El director ejecutivo de *The People's Forum*, también investigador del Instituto Tricontinental de Investigación Social, es Manolo de los Santos, a quien muchas fuentes han vinculado estrechamente con Cuba[129].

- Posteriormente, desde Cuba se ha colaborado en el proyecto de que han sido calificados como propaganda sobre la banda terrorista. Víctor Pérez Velasco, autor de «ETA y el cine» sitúa «El cazador de dragones», una película coproducida y rodada en la isla en 2012, entre las más radicalmente adoctrinadoras[130].

Pero lo más relevante a efectos de la determinación de Cuba como un estado que coopera con el terrorismo son sus nexos de colaboración con organizaciones reconocidas como tales por las instituciones europeas. La cooperación del régimen cubano con organizaciones terroristas no es menor porque, como veremos, participar, facilitar o financiar actividades de un grupo habilitaría al Consejo de la Unión Europea para incluir a los dirigentes cubanos y a las organizaciones que dirigen en la denominada lista de la UE de terroristas.

---

127 Véase Horowitz, I.L. «Cuba, Castro and Anti-Semitism» en *The Long Night of Dark Intent*. Routledge. Londres. 2008

128 Suárez, J. *El papel de Cuba en el terrorismo y los intentos fallidos de distensión*. Politics and Rights Review. Ottawa, 7 de febrero de 2025. Disponible en https://politicsrights.com/es/cuba-terrorismo-distension/

129 Existe amplia información sobre la biografía, actividad y relación Manolo de los Santos. Véase *Canary Mission, Manolo de los Santos*. Disponible en https://canarymission.org/individual/Manolo_De_Los_Santos. También puede consultarse Díez, I. *Manolo De Los Santos: ¿El hombre de La Habana en New York?* Hyper Media Magazine. 7 de mayo de 2024. Disponible en https://hypermediamagazine.com/actualidad-noticias-prensa-sucesos-cuba/personas-noticias-sucesos-analisis/manolo-de-los-santos-el-hombre-de-la-habana-en-new-york/

130 https://www.escudodigital.com/expertos/entrevistas/victor-perez-velasco-el-cine-espanol-ha-sido-colaboracionista-con-terroristas-eta_50604_102.html

Efectivamente, la Posición común 2001/931/PESC sobre la aplicación de medidas específicas de lucha contra el terrorismo adoptada por el Consejo el 27 de diciembre de 2001 recogió por primera vez medidas restrictivas contra personas y entidades implicadas en actos de terrorismo. Las medidas incluyen la inmovilización de fondos y activos financieros, la cooperación judicial y policial y la prohibición de proporcionar, ni directa ni indirectamente, fondos, activos financieros o recursos económicos.

La más reciente actualización de la denominada «lista de la UE de terroristas» se aprobó por el Consejo el 20 de enero de 2025 e incluye a 14 personas y a 22 grupos y entidades, activos tanto dentro como fuera de la UE. Es importante subrayar que, al menos, cuatro organizaciones de esta lista mantienen una relación de estrecha colaboración con Cuba: Hamás, Hezbolá, Frente Popular de Liberación de Palestina y Dirección de la Seguridad Interior del Ministerio de Inteligencia y Seguridad de Irán.

Repasar las vinculaciones de Cuba con estas organizaciones es relevante, porque el ámbito de la aplicación de la citada Posición Común de medidas específicas contra el terrorismo se extiende a personas, grupos y entidades que intervengan en actos terroristas.

A la hora de definir el ámbito subjetivo de aplicación de la Posición común el artículo 2 distingue entre personas y grupos y entidades.

En relación con las personas, se entiende que intervienen en actos de terrorismo aquellas que cometen, o intentan cometer, actos de terrorismo o participen en ellos o faciliten su comisión. Este último es importante porque es suficiente facilitar la comisión de un acto de terrorismo para poder ser incluido en el listado.

Para la inclusión de grupos o entidades lo relevante es su vinculación con las personas anteriormente descritas. El citado artículo 2 establece que intervienen en actos de terrorismo los grupos y entidades que, directa o indirectamente sean propiedad o estén bajo el control de esas personas. Es decir, que aquellos grupos o entidades controlados por las personas que cometan o intenten cometer, participen o faciliten actos de terrorismo son susceptibles de que se les aplique este Posición Común.

Por último, la Posición Común incluye expresamente la mera participación en las actividades del grupo terrorista como criterio para determinar que entiende como grupo terrorista. El apartado k) del artículo 3 atribuye el carácter de acto terrorista a la «participación en las actividades de un grupo terrorista, incluido el suministro de información o medios materiales, o mediante cualquier forma de financiación de sus actividades, con conocimiento de que esa participación contribuirá a las actividades delictivas del grupo».

La participación en actividades de un grupo terrorista –la participación de en actividades de Hamas, Frente Popular de Liberación de Palestina y Dirección de la Seguridad Interior del Ministerio de Inteligencia y Seguridad de Irán– incluido el suministro de información y medios materiales es considerado por la Posición

Común un acto terrorista. Es necesario, por tanto, repasar la vinculación de Cuba con estas organizaciones, a su vez estrechamente conectadas entre sí.

Recordemos que en *Understanding Terror Networks*, Sageman expone que los grupos terroristas ya no son estructuras jerárquicas tradicionales, sino redes difusas donde los individuos se conectan a través de ideologías comunes y actúan de manera autónoma. Hoy en día, muchos grupos operan de manera más dispersa y flexible, aprovechando las tecnologías de comunicación, las redes sociales y los medios digitales para coordinar actividades, reclutar nuevos miembros y difundir su ideología[131]. El embrión de estas redes ya estaba puesto en la Conferencia Tricontinental celebrada en La Habana en hace casi 60 años.

Desde entonces –antes incluso de la fundación de Hamás, Hezbolá o del triunfo de la revolución islámica en Irán– Cuba ha venido tejiendo unos lazos estrechísimos con los principales protagonistas de las redes de terrorismo internacional.

Sabemos y hemos detallado a lo largo de este informe que Cuba mantuvo una estrecha relación de colaboración con Al-Fatah desde los años 70; que Cuba ofreció adiestramiento militar en sus campos de entrenamiento en Cuba a centenares de terroristas palestinos; que desde La Habana se enviaron instructores y asesores cubanos para entrenar palestinos en el Líbano, Libia y Yemen; que Cuba envío tropas estimadas en 3.000 hombres para apoyar la invasión a Israel durante la guerra de Yom Kippur y que desde el régimen de La Habana se ha ofrecido apoyo propagandístico y diplomático al terrorismo palestino desde hace seis décadas[132].

La actual red de apoyo mutuo entre Cuba, Venezuela, Hamas, Hezbolá y el Frente Popular de Liberación de Palestina va mucho más allá. Juntas forman una red trasnacional que opera en el mundo del crimen organizado de forma descentralizada y con incontables nexos comunes, algunos de ellos han trascendido. Así:

- La presencia de Cuba sigue siendo muy fuerte en el Líbano. La dictadura comunista mantiene relaciones formales con los grupos terroristas designados por la Unión Europea Hamas y Hezbolá. Durante las manifestaciones de julio de 2021 en La Habana, cuando miles de cubanos salieron a las calles de la isla pidiendo libertad, Ammar Al-Moussawi, responsable de relaciones internacionales de Hezbolá visitó la embajada de Cuba en el Líbano ofreciendo muestras pública de apoyo a la dictadura[133].

- Cuba, directamente y a través de Venezuela, continúa suministrando labores de inteligencia a Hamas y Hezbolá[134].

131 Tucker, D. *Understanding Terror Networks*. University of California Press, California, 2001.

132 Roig, P. *Cuba and Israel*. Cuban Studies Institute, Miami. 2017. Disponible en https://cubanstudiesinstitute.us/international-relations/cuba-and-israel/

133 Humire, J. y Suárez, J. *Cuba and Iran Are Still State Sponsors of Terrorism*. The Heritage Foundation. 4 de enero de 2024. Disponible en https://www.heritage.org/terrorism/commentary/cuba-and-iran-are-still-state-sponsors-terrorism

134 Suchlicki, J. *Cuba's support for terrorism*. Cuban Studies Institue. Miami, 2022. Informe presentado en el seminario *Latin American Security Concern* celebrado en Washington D.C. el 30 de noviembre de 2022 y patrocinado por Inter-University Center for Terrorism Studies y el International Law Institute. Disponible en https://cubacenter.org/news/2022/12/09/cubas-support-for-terrorism-bynbspjaime-suchlicki-cuban-studies-institute/

- Hezbolá, siguiendo órdenes de Hasan Nasrallah, estableció una base de operaciones en Cuba[135].

- En 2019 trascendió por un informe publicado en el portal de internet de Hamas que el embajador de Cuba en el Líbano, Alexander Pellicer Moraga, mantuvo una reunión con el representante de Hamas en ese país, Ahmad Abdel Hadi.

- En 2023, *Middle East Monitor* reportó que el embajador de Cuba en el Líbano, Jorge León Cruz, recibió al representante de Hamás en el Líbano, Ahmad Abdul Hadi, y al jefe de la Oficina de Relaciones Políticas y con los Medios de Hamás, Abdul Majeed Al-Awad. El embajador cubano reiteró que su país apoya: «El legítimo derecho de los palestinos a defender su tierra […] los palestinos luchan por una causa justa».[136]

- Se ha informado sobre la existencia de campos de entrenamiento militar para terroristas de Hezbolá en Isla Margarita, Venezuela, que contarían con el apoyo de Cuba[137].

- El G-2 cubano trabajó junto al régimen venezolano en el establecimiento de un sistema, Misión Identidad, para, entre otros fines, otorgar nacionalidades falsas a miembros de Hezbolá[138].

- Cuba e Irán han estado colaborando durante años en múltiples áreas. Según *Prensa Islámica*, Cuba ha compartido con Irán su «amplio conocimiento en inteligencia» y ha discutido la cooperación «en armas electromagnéticas capaces de sabotear las comunicaciones enemigas»[139].

- Esta relación se intensificará. A finales del año pasado, altos funcionarios iraníes y cubanos se reunieron en Teherán para avanzar hacia la consolidación de una asociación estratégica de diez años que incluirá la celebración de la 19ª Comisión de Cooperación Económica entre ambas naciones[140].

No son pocos los vínculos que el régimen cubano continúa manteniendo con el terrorismo en cualquiera de sus manifestaciones. Sospechamos que lo que conocemos es sólo la punta del iceberg de una actividad que necesita necesariamente de la oscuridad. Esperamos que este documento contribuya a aportar algo de luz.

---

135 *Ibid.*

136 Middle East Monitor, *Hamas delegation visits Cuban ambassador to Lebanon* https://www.middleeastmonitor.com/20230225-hamas-delegation-visits-cuba-ambassador-to-lebanon/

137 Priego, A. *La influencia iraní en América Latina*. Documento de Opinión IEEE 86/2022. https://www.ieee.es/Galerias/fichero/docs_opinion/2022/DIEEEO86_2022_ALBPRI_Iran.pdf

138 Humire, J. *Why Cuba is a state sponsor of terror*. Cuba in Transition: Volume 25. Papers and Proceedings of the Tenth Annual Meeting. Miami, 2015. Disponible en https://www.ascecubadatabase.org/wp-content/uploads/2016/03/v25-humire.pdf

139 Suchlicki, J. *Cuba's support for terrorism*.

140 Véase *Desperate Iran Turns to Cuba for Help*. Jewish Breaking News. 2 de enero de 2025. Disponible en: https://jewishbreakingnews.com/desperate-iran-turns-to-cuba-for-help/